仕事のストレスを受け流す33のヒント

反応したら負け

カレー沢薫
Kaoru Curry Zawa

PHP研究所

はじめに――「デキる人」が「デキない人」を真似るパラドックス

本書は、管理職を対象としたビジネス雑誌『THE21』に連載した仕事についてのコラムをまとめたものである。

編集部から、連載してくれと言われた時は、同じ名前の誰かと間違っているんじゃないかと思ったが、今のところ「ビジネスに詳しいカレー沢」は発見されていないし、そんな名前を名乗る時点で仕事ができるはずがない。

しかし、私とてずっと現在のような無職というわけではない。そうだとしたら魚類に肺呼吸の極意を尋ねているようなもので、いよいよヤバい。

だがその場合も「THE21編集部は過労状態にあり、過労は判断力を著しく低下させ、取り返しのつかないミスを起こす」という教訓になる。

このように、ビジネスのヒントは必ずしも経済学者の著書や、友作（前澤）の言葉から得られるというわけではない。

なぜなら一緒に働く上司や同僚や部下というのは、必ずしも能力とやる気がある人間ばかりではなく、中には出社した瞬間からタイムアウトを待つ以外、何もしていない奴も含まれている。

そういう人間の視点というのはデキる人間にはわからないだろうし、できればそこから見える風景を一生見ることなく人生を終えてほしいと思うが、そういう人間と仕事をしなければいけないこともある。

本書は、そういう人間が一体どのツラさげて会社に居座り続け給料をもらっているのかを知る一端になるかもしれない。

知ったところで「腕力に訴えるしかない」という結論に達してしまうだけかもしれないが「いざとなったら腕力」と思うだけで少しは楽になるのではないだろうか。

私は会社員時代、まさに底辺すら越えてしまった半地下の社員であり、最終的に退職を促され無職になったのだが、それでも10年近く会社にいたのである。

つまり、そういう社員の存在に気づかないと10年も無駄に給料だけをかすめ取られることとなる。

だがこの本を読むことで「あっこいつ、あの本で読んだ奴だ！」と気づいて3カ月ぐらいで退職を促すことが可能になるかもしれない。

また仕事に対してやる気がない人間というのは「仕事如きに悩まされたくない」と思っているため、いかに社内での面倒ごとを避け、ストレスを受けないようにするかに命をかけていたりする。

そこに命をかけすぎて仕事をする暇がなくなっているのだが、少なくとも仕事が原因でウツになるということはない。

おそらく、ビジネス雑誌やビジネス書を買う人は、仕事に対し相当モチベーションがある、もしくは仕事に対する憎悪が極まりすぎて、ビジネス雑誌やビジネス書を鍋敷きにしたりケツを拭いたりしている人だと思うが、どちらにしても仕事に対し、クソデカ感情を抱いており、仕事のことで病みがちなタイプだと思う。

仕事に対しやる気があるのはいいが、それで健康を害してしまっては無意味である。よって「仕事に対し無感情」な人間の仕事に対する姿勢を取り入れ「どうでもいいことでは悩まないようにする」というのも大事なのではないだろうか。

そんなわけで、本書のタイトルは『反応したら負け』である。

ただ取り入れすぎると「仕事がどうでもよくなる」というリスクもあるので過剰摂取には気をつけてほしい。

反応したら負け

仕事のストレスを受け流す33のヒント

目次

第1章

ストレス上司との闘い方

第2章

コミュニティを泳ぐ知恵

第3章

面倒くさい人のトリセツ

第4章

荒ぶる職場のサバイバル術

第5章 壊れる前に「メンタルを守ろう」

第1章 ストレス上司との闘い方

01

パワハラ上司に潰されない方法

パワハラは身体を壊す原因

ビジネスで「サクセス」することの反対は「失敗」ではない。かと言って「スセクサ」でもない。ビジネスで一番避けなければいけないこと、それは「仕事で身体を壊すこと」だ。

「パワハラ」はデスクの角に脇腹をぶつける次に「仕事で身体を壊す原因」となっている。早めに対処しないと、仕事どころか命に関わる。まず大事なのは「これはパワハラじゃない」と己に言い聞かせて問題を先延ばしにするのをやめることだ。

パワハラと言ったら、恫喝《どうかつ》や机を叩いたり、椅子を蹴る、平手打ちの後にディープキスなどを想像すると思う。ここまで来れば完全なパワハラであり、最後のはセクハラまで入っているのだが、パワハラというのは、ここまでわかりやすいものだけではない。舌打ちや、クソでか溜息連発、無視など、静かなものも立派なパワハラに入る。

しかし、パワハラとは怒鳴ったり「派手なもの」というイメージがあると、「これはまだパワハラとは言えない」と思い込んでしまい「自分が無能だから注意されているだけだ」という自己嫌悪に陥ってしまう。

上司の言動を苦痛に感じているのに「これはパワハラではない」と思い込もうとするのは、ガンを風邪と言い聞かせて病院に行かないのと同じだ。**世間の「パワハラの定義」などより「今、自分が感じている苦痛」の方を信じて対処すべきなのだ。**

孤立しないよう対処は早めに！

では、「パワハラを受けている」と確信した場合どうしたらよいだろうか。

一番大事なのは「孤軍奮闘」しないことである。

「パワハラ」というのは、今更説明するまでもないが「立場が上の人間が下の人間に行う嫌がらせ」のことである。つまりタイマンだと最初からこちらが不利なのだ。

このハンデを埋めるには「武器」もしくは「仲間」が不可欠だ。

武器というのは、そのまんま「引き出しにジャックナイフを忍ばせること」である。「いざとなったらこれで」と思ったら、心穏やかに仕事が出来るし「俺は机にジャックナイフを忍ばせとる男やぞ」と思えば、パワハラ発言に毅然《きぜん》と立ち向かうことが出来るだろう。しかし、パワハラ被害者である自分が加害者になってしまうなどバカらしいことである。

よって、まずは「仲間」の方をお勧めする。

一番よいのは、同じ上司からパワハラ被害を受けている者と協力することだ。上に訴えるにしても複数人の方が心強いし、被害人数が多ければ上も「由々《ゆゆ》しき事態」と捉えてくれる可能性が高まる。ジャックナイフの出番がきた場合も「上司を羽交い絞めにしてくれる仲間」がいた方が狙いが定めやすくて一石二鳥である。

同志がいなければ周囲に「上司にパワハラを受けている」と言いまくるだけでもいい。いずれそれが上司本人の耳に入れば、保身のためにパワハラをやめるということもある。

何にしても一人で抱え込まないことだ。むしろ一人で抱え込めば抱え込むほど、ジャックナイフの出番がきてしまう。

最後に「直接対決」はしないことだ。必ず上司より上か外部機関に訴えた方がいい。さもなくばパワハラがエスカレートする恐れがある。

「対処は早めに」「孤立しない」「直接対決はジャックナイフを持っている時だけ」この3つを心がけよう。

まとめ

パワハラ上司は仲間と協力して訴える

02 「成果を横取りする人」の対処法

「これ、俺の仕事」とドヤ顔で言う人々

最初に言っておくが、今回のお悩みにはついては、ろくな答えが出せないと思う。

そもそも、無職が職場で起こるお悩みに回答するという趣旨自体、ビル・ゲイツに「アイフォンのスクショってどうすんの？」と聞くぐらい不可解だ。

だが、ゲイツなら「電源ボタンとホームボタンを同時押し」と答えそうな気がするし「最近、背面タップでもできるようになったが、スマホ置くたびにスクショしてうぜえ」ということまで教えてくれそうな気もする。

そんなわけで今回のテーマは「成果を横取りする人」への対処法だ。

当方、今まで横取りしたくなるような手柄や首級どころか蝉すら獲ったことがないので、当然それを横取りされたこともない。よって、「そんな悩みを持っている人もいるのか、デキる人は大変だな」というのが一番の感想である。


まず「手柄を横取りする」とはどういう状況か考えてみよう。自分が獲って机に置いておいた蝉を、ちょっと目を離した隙に、隣の席の奴が口にくわえていた、というなら普通に「窃盗」なので訴えやすい。

そうではなく、職場で起こる手柄の横取りとは、アイディアを同僚に言ったら、それを同僚が、さも自分のアイディアのように発表していたり、上司に企画書を出したら、上司が自分の企画のようにクライアントに提出していた、という現象である。

何しろ相手が「先に」自分のモノとして発表してしまうため、後から「それは俺のだ」と主張しても、逆に自分が横取り野郎と思われるリスクがあり、さらに相手が上司となると訴え出ることすら難しく、泣き寝入りするパターンが多いという。

横取り野郎に、盗んでいる自覚はない

そういう横取りタイプに共通するのは、横取った相手の前で「これは俺の手柄だ」と名乗りを挙げる点だという。普通、人から何か盗んだら、盗んだ相手にばれないように、蝉ならポケットに隠すなどするはずだ。

しかし横取り野郎は、隠しもせず、盗った相手の前で「これ俺が獲ったんやで、でかいやろ？」と周りに触れ回っており、盗られた相手は「なぜ、そんなことが平気でできるのか」と、怒り以前に唖然としてしまうという。どうして相手がそんな態度をとれるのかというと、**服を着ているのが不思議なレベルの恥知らずというわけではなく「本気で自分の手柄と思い込んでいる」場合が多いそうだ。**

たとえば、部下が作った企画書でも、「企画書を作れ」と指示をしたのが自分なら、「実質、俺が作った」など、手柄に対する自分の関与を過大解釈し、本気で自分のものだと思ってしまうそうだ。ちなみに企画が失敗すると、自分の関与を過小にして「俺は

関係ない」と言い出す。
このように、本気で自分の手柄と思っているため「こいつは盗人《ぬすっと》だ」と告発しても向こうはきょとんとするばかりで、泥仕合《どろじあい》か、最悪こちらが盗人にされてしまう。
盗んでいる自覚がないということは、何度でも無意識に同じことをする、ということなので、一度横取りされたら、今度その人間と関わる時は慎重になるしかない。
アイディアは軽々しく教えないか「次は食べる廃油がくる」

など偽アイディアを掴ませるなどしよう。

相手が上司だとそうはいかないと思うが、その場合、他の部下の手柄も常習的にギっているはずである。そういう人間がいつまでたっても問題にならないとしたら、その会社自体が獲るか獲られるかの「ゴッサム企業」すぎるので、転職まで考えるべきだが、まともな会社ならそのような行動は噂になるし、部下がついて来ず、いずれ立場を失うだろう。

まとめ

被害者同士で盗品リストを作成しよう

よってその時、総攻撃を仕掛けられるよう、まずはギられた者同士、被害者の会を作り「俺は蝉を盗られた」「私はでかいギンヤンマをやられた」など、盗品リストを作って準備をしてみてはどうだろうか。

03

「何度も同じ話をする上司」の本音

「大事だから2回言う」はもはや、わざと

老に同じ話を何回もされて辟易《へきえき》した経験は誰しもあるだろうが、必ずしも老は自分が言ったことをキレイさっぱり忘れているわけではない。

どちらかというと、言った記憶はあるのだが、本当に言ったか自信がないので念のため、「もう1回言う」というまだらボケ状態の方が多い。

ある意味「慎重な行動」と言えるのだが、残念ながら「昔、あそこの受付嬢とヤった」など、念を押すほどでもないことばかりが、なぜか念を押されがちである。「大事なことだから二度言いました」という言い回しがあるが、現実は大事じゃないこと

ほど2回言われるし、むしろ「2回で済めばいいほう」だったりする。

また途中で「この話、前したな」と気づくこともあるが「もう1回言ってもいいか」と、そのままオールリピートしてしまう場合も多い。**歳を取ると物忘れがひどくなるだけではなく、あらゆることが適当になっていくのである。**

加齢は誰にでも訪れるものなので、ある程度しかたがないのだが、セールスの電話を留守番中の幼女のふりをしてやり過ごしたり、来日3日目という設定で職質に立ち向かったりするのと同じように、「歳で物忘れが多いキャラ」として、都合の悪いことは忘れたふりをしている人間がいないとも限らない。

それも「忘れてた、ごめーん」で済まそうとする同僚なら、自分の名前も忘れるレベルで殴る対処法が取れるが、上司、それも「そんなこと聞いてないぞ」とこちらの過失にしてくるタイプは非常に厄介である。

また、「言った、聞いてない」は完全な水掛け論なため、立場が弱い方が折れて終わりがちだ。言った、聞いてない、をなくすには、どうしたらよいかというと、やはり「言う」「聞く」というファックスよりも古い伝達方法を排除すべきだろう。
一番いいのは大事なことは相手の腕に「彫る」だが、ライフハックではなく「傷害」と誤解されるケースもあり、相手の腕に余白がなくなるハプニングも予想される。

「忘れてもいい」と思われないよう念を押そう

ちなみに、これだけ記録媒体が発達した現在でも、一番後世に残りやすい記録方法は「石板」と言われているらしく、冗談ではなく「彫る」は有用なのだ。だが、石板や腕が使えない場合はしかたがない。それより劣る記録媒体を使うしかない。

一番よいのはおそらくＬＩＮＥである。ＬＩＮＥと言えば相手がメッセージを読むと「既読」マークがつくことが有名であり、それ故に「既読スルー」などという言葉も生まれた。なぜこんな機能をつけたのかと、全国のメンヘラ彼女を持つ男が大憤慨したのだが、ビジネスにおいては非常にありがたい機能である。

メールだけだと「届いた、届いてない」「読んだ、読んでない」問題が発生してしまう。

余談だが、うちの母は携帯電話を持っているがそれを携帯するという習慣がないため電話をかけても一発でつながったことがない。

それと同じように、会社でアドレスを与えられてもメールを定期的に見る習慣がない人間は存在するので、本当に「読んでいない」は発生する。

その点、ＬＩＮＥなら「相手が見た」という証拠をこちらに残せるのが強い。もしＬＩＮＥ

が使用不可であれば、メールを送ったあと、わざわざ上司の机に行き「今メール送りました」と言って、その場で読ませるという「文明の進化とは何か」を改めて問うような行動が必要となってくるが、これはある意味大事なことである。

「大事なことだから二度言う」というように、忘れられて困ることは口頭とメール、2ツールで伝えた方がいい。

また**忘れられるのは、相手が「忘れられたら困る」と認識していない場合も多い。**「これを忘れたら大変なことになる」と意識させるために「頼みますよ」と一言念を押したり「こっちはマジなんだ」ということを示すため、いざとなったら腕に彫る用の彫刻刀を持って伝えるのが好ましい。

まとめ

文明がいかに進歩しても、「大事なことは二度伝えよう」

04

過干渉な上司への対処法

「大したことのない存在」と認識しよう

おそらくリモートワーク反対勢の一番の理由は、「人が見ていないのをいいことに、サボる奴が出てくるのでは」という危惧《きぐ》があるからではないかと思う。

確かに、リモートワークを幸いにサボっている人間は存在すると思う。

だがそれは「リモートワークだからサボっている」のではない。「リモートワークでサボっている奴は、会社で人が見ていてもサボる」のだ。出社して着席よりも早くヤフーニュースを開いたり、朝礼が終わると同時にタスクバーにソリティアを常駐させたりするのはまだ可愛い。
中には「謎のチャート表」という、明らかに別の経済活動を行っている者もいる。もちろんそういう人間はリモートワークになったらもっと盛大にサボるが、決して「リモートワークだから」サボっているわけではないのだ。

逆に、真面目にやっている人間からすると「リモートワークはサボっている奴が超高速でエクセルとマインスイーパをスイッチングしているところを見ないで済む」というメリットがあるぐらいだ。
そして、真面目な人間にとって同じぐらい嫌なのが「過干渉上司」だろう。

過干渉上司とは、常に部下を監視し、何をやるにも口を出してくる口うるさいお母さんのような存在である。その割には、デスクを片づけたり、脱ぎっぱなしの靴下を洗濯機に入れてはくれない。入れてくれるのかもしれないが、社内で靴下を脱いでそこら辺に置くというのはなかなかリスキーなので、あまり試すことができない。

誰でも真面目に仕事をしている時に「ちゃんと仕事しているのか」と言われたらやる気がなくなる。相手がお母さんなら「今やってたのに、あーもう今日はやる気なくしたわ」と仕事を投げ出してYouTubeを開く中学生ムーブが可能だが、仕事ではそうはいかず、下がったモチベのまま仕事をしなければならない。

しかし、過干渉上司に「うるせー！　知らねー！」という中学生マインドを持てるうちはまだいい。上司の小言にビクビクしたり、そんなに自分は信用できないのか、と自信喪失状態に陥ってしまうのが危険なのだ。それを避けるためには、過干渉上司を「大したことのない存在」と認識することが大事である。

小言は上司特有の鳴き声である

そうは言っても上司だしと、上司を「自分より上の存在」と認識しているから注意されることを恐れたり、小言を言われて凹《へこ》んでしまうのだ。

無職に「仕事とはこうや、お前はそういうとこがダメ、もっとこうしろ」と言われても、落ち込んだりはしないだろう。むしろほっこりしてしまうはずだ。まさに本書

の存在そのもののことを言っているような気がするが、相手が大したことがない人間なら、何を言われてもそんなに気にならないはずである。

よって、まず周囲に聞き取りをしよう。周りも同じようにその上司を「靴下を拾わないお母さんのようだ」と思っているなら、もうその上司は「そういう人」なのである、自分が悪いというわけではないのだ。

たとえ、自分にだけ口うるさくても、自分が悪いからと思ってはいけない。**「言いやすいから言っている」という可能性も高い。**

上司に干渉されても自分に非がない場合、「うるせー！　知らねー！」という反抗期中学生態度を取ってみるのも手だ。「はい、お母さんの言うことに間違いないです」と従順な優等生態度だと、お母さんの声もでかくなってしまうのである。

また、上司が根本的に「管理職に向いてない人」の場合もある。管理職に必要な「人に任せる」というスキルがないため、逐一干渉しないと不安で仕方ないのだ。

上司も大したことがない、そして上司は上司で不安で大変。そう思うことで、小言も「上司特有の鳴き声」と思ってやりすごせるだろう。

まとめ

たまには、過干渉上司に「中学生ムーブ」をかませ！

05

「責任丸投げオジサン」から身を守れ！

「君ならできる！」という最高に甘い罠

今回のテーマは「責任丸投げオジサン」の対処法だ。
たとえば「『改革が必要だ！』と息巻いておきながら、修羅場になると颯爽《さっそう》と逃げるだけでなく、逃げてからその場に火を放つ鬼畜」がいたらどうするか、という相談である。

この話、たとえの割には随分具体的だが、よもや『ＴＨＥ21』の編集部にそんな人間がいるわけがない。ＰＨＰ研究所の人間は全員ジョブズの生まれ変わりだと聞いている。それはそれでハゲそうな職場だが、少なくともジョブズは部下に丸投げなどしないはずである。無理難題を投げつけてくるだけだ。

その手のオジサンの性質《たち》が悪いところは、調子と威勢がいいところである。覇気《はき》のないオッサンがハナクソのように仕事を投げつけてきたら、こちらだってハナクソのついた企画書を提出するしかない。

それはそれで怒られるが、そんなハナクソと涎《よだれ》で湿った仕事は、そこまで大火事になることもないのだ。

しかし、一見やる気がみなぎっている上司が壇上で「ダー！」みたいなことを言っていたら、少なからずその気になってしまうものである。

特に自分に自信がなく、逐一「ダメ元で」とか「効果を保証するものではありませんが」や「個人の感想です」などと予防線を張りたがる人間は、臆面もなくでかい事を言い切る人間に弱い（※個人の感想です）。

そういう人間の話を聞いているとテンションが上がってしまうし、「君ならできる」「君を見込んで」と言われると、その気になってしまうのだ。

その気になってしまうとどうなるか、というと「無駄にはりきってしまう」のだ。**料理の腕がない人間がはりきって、難易度の高い料理を作ろうとすると、大体手の込んだ生ゴミができる。**

しかし、冷蔵庫の腐った食材を適当に料理してゴミができたというなら被害は少ないが、はりきっていると高価な食材や時間をドブに捨てがちなのだ。

つまり、仕事もはりきるほど、失敗したとき大ごとになるし、損害も大きい。

上司への報告を、形にして残そう

また「君に任せた」を真に受けて、本当に自分が取り仕切り、上司への報告もあまりしていなかったりする。

そうなったらもはや上司の責任とは言えなくなってしまい、上司は「何か大変なことになってオラわくわくしてきたぞ！」と対岸から火炎瓶を投げつけてくるのだ。

よって、まずそういうオジサンが「君を見込んで！」と威勢のいいことを言って来たら、「俺を見込んでいる時点で見る目がない」とまず警戒しよう。

そして仕事を任されてしまったら、その仕事に「上司を丁寧に巻き込む」ことが大事である。

具体的には何をするにも上司の許可と確認をとってからやるべきだ。一つでも独断でやるとそれは自分の責任になってしまう。

また、それらの報告はメールなど形に残る方法でやった方がいい。

メールやＬＩＮＥでの業務連絡が当たり前になり、業務連絡のために交換した女子社員のアドレスに私的なメールを送る新しいセクハラが登場したのは不幸だが、逆に「セクハラの動かぬ証拠を押さえやすくなった」とも言える。

また、メールでのやりとりも一対一ではやらない方がいい。

上司だけではなく「会社ではタイマンを張らない」は鉄則である。二人だけの話になると、言った、聞いてないの泥仕合となり、そうなると調子のいい人間の方が勝つ。調子が悪い人間が勝つには、物的証拠、そして証人が必要なため、後に重要な証拠になりそうなメールは誤爆を装ってでも、他の人間にも送っておいた方がいい。

火事になったらすぐ逃げ、油を注ごうとする人間には、報告や確認というガソリンをかけて「今火がついたら俺も燃えるな」と思わせることが大事である。

まとめ

責任から逃れようとする上司を「丁寧に巻き込もう」

06

思いつきで現場を混乱させる経営者の止め方

思いつきに振り回される現場の人々

我々漫画家は意外と「思いつき」が大事な職業なのだが、思いつきだけで描きつづけると、読者に「一体この漫画はどこへ向かおうとしているんだ」と言われるようになり、それに対し「俺が知りたい」と答えるようになってしまう。

しかし、それでも思いつきという名のアイディアは必要であり、それが起死回生の一打になることもなくはない。

ただ、その結果「なぜ、俺の推しがここで死ななければならないのか?」と、作者の思いつきに巻き込まれて死ぬキャラ、そして死ぬ読者が生まれてしまうのだ。

それは一般企業でも言えることであり、経営者の思いつきが、「今からビルの屋上から飛び降りる」という自己完結ならよいのだが、大体「飛び降りてみたいと思わないか？」という八甲田山《はっこうださん》口調であり、実践するのは現場の人間である。

よって、世間では優れたクリエイターと評されている人でも、現場からは蛇蝎《だかつ》のように嫌われており「一矢報いるまでは死ねない」という別の意味でのモチベーションを与えていたりするのだ。優れたアイディアですらそれについていくのは大変なのだから、それがクソディアであればなおさらである。

ちなみにどこのオフィスにもある「エクセルクソデータ」も大体、エクセルの機能をよくご存じないエライ人による「ここをこうしたらもっと見やすいのではないか」という思いつきで改造された、なれの果てである場合が多い。

実行前に、初動で萎えさせろ

思いつきを止める方法だが、もちろん言い出した瞬間止めるのは愚策である。この最高のアイディアを何故止めるとヒートアップしてしまうに決まっている。

つまり、経営者の思いつきを止めるには、いかに実行前に経営者のテンションを下げるかにかかっている。思いつきをすぐ実行させようとする、ということは「冷めやすい」ということでもある。どれだけ早く萎えさせるかが肝なのだ。

まず何事も初動が大事であり、経営者が思いつきを口にした瞬間のリアクションで今後が12割決まると言ってよい。前述の通り、あからさまな否定は逆効果であり、却ってムキになる恐れがある。それと同様に冷めすぎたリアクションも「お前らノリ悪いよー！」というロックスター状態になるかもしれないので危険である。

よって、「やや引き」や「戸惑い」つまり「きょとん」ぐらいがいい。**経営者は自分の思いつきに、肯定にしろ、否定にしろ、「大きな反応」を求めているため、それがない時点で、ちょっと冷めるのである。**経営者がこの思いつきにより、どんな画期的な効果があるか熱弁しても「はあ」という「プレゼンしがいゼロ」のリアクションを取ろう。

それが長く続くと経営者の方も「俺一人で盛り上がっててバカみたいだな」という気分になってくる。
それでも温度が下がらない、不屈の闘志を持つ経営者の場合は「すぐ取り掛かれ」と言われても「すぐ取り掛からない」ことが大事である。
なにせ思いつきなため、それをすぐ実行しなくても日常業務に差し障りはない。よって、いつもの仕事を優先し「あの件はどうなった」と言われたら「急ぎの仕事があり、まだできてません」と言おう。

繰り返すうちに、経営者の方が自然に冷めて来て、上手くいけば「忘れる」ことすらある。逆に「すぐやれ」と言われてすぐやってしまうと、自分も「このアイディアにノリノリ」にされてしまい、失敗した時の主犯にされてしまうことさえある。

しかし、企業において「新しいこと」は大事であり、それが思いつきから始まることも否めない。全て阻止していたら、逆に企業の成長を妨げる結果になりかねない。

よって経営者の思いつき絶対潰すマンになるより、経営者が思いつきを言い出したら、それがやる価値のあるアイディアなのか、打ち切り作家の悪あがきでしかないクソディアなのかを見極める目を持つことが大事である。

そして「こいつクソディアしか出さないな」とわかったら遠慮なく「潰しスキル」を99までレベルアップさせよう。

まとめ

思いつきが価値あるものか、見極めて判断しよう

07 上司のメンタルダウンを防ぐ方法

出世したせいで「地獄を見ている」上司たち

最近の若者は「出世」したがらないという。「セックス」「車」「酒」「テレビ」そして「出世」と、最近の若者はありとあらゆるものから離れ、すでに半径100メートルが荒野と化しているような気がする。

しかし、これは最近の若者に元気とヤる気(文字通り)がないからというより、実際それらに「魅力」が感じられないせいでもある。

最近は娯楽も多様化、そして安価になっており、月500円程度払えばゾンビドラマがシーズン10ぐらい視聴できてしまうのだ。

それに対して意中の相手との「セックス」なんて、長い時間と費用、時に土下座を繰り出してなお得られるかどうかわからない代物《しろもの》である。

つまり、今の若者にとって「恋愛」や「セックス」というのは、コスパが悪く、リスクの高い、大して魅力が感じられない娯楽だから手を出さないだけなのである。

それと同じように「出世」も、明らかにメリットが感じられないから、したがる者が減っているのだ。

そして出世に対し「旨味ゼロ」と判断してしまう理由は、おそらく先んじて中途半端に出世したせいで地獄を見ている上司、つまり「中間管理職」の姿を見ているからではないだろうか。

もし世の中間管理職が友作(前澤)みたいなパーカーを着て、窓に向かった席で椅子に極めて深く座り、持つところがアツくないように紙を巻いたホットコーヒーを飲みながらアイパッドで仕事をしていたら、みんな出世したがると思う。

そんなわけで今回のテーマは「上司のメンタルダウン」を防ぐ方法だ。

普通、上司が部下のメンタルを気にするものだろうと思うかもしれないが、何せ若者に「一生平《ひら》でいい」と思わせるぐらい、今の中間管理職は苛酷なのだ。

部下を管理しつつも、自分も現場の人間として成果は出さねばならず、それを上司に報告説明、そして時に罵倒をされなければいけない。

さらに、下手に役職についたせいで、残業代が出なくなり、仕事内容だけ苛酷になり、賃金は下がるという、実質「降格処分」になっている者も少なくない。

部下としても、上司がノイローゼでは仕事に支障がでるし、突然「夏の星座にぶら下がりに行く」と言い残し、流れ星になられても困る。

それに上司に流星されると「お鉢が自分に回ってくる」という恐れもある。一生出世せずに会社に居座るには、上司には永遠に上司でいてもらわなければ困る。

「会社を辞めてもよい」という逃げ道がある

まず、明日にでもスターダストしそうな上司には「辞めてもよい」と言おう。一見

矛盾しているように聞こえるかもしれないが、私の夫も中間管理職であり、一時期、激務で相当病んでいた。そして「仕事を辞めたい」とこぼすようになった。

本音としてはもちろん「それは困る」だ。二人家族で二人無職というのは、さすがに無職含有率が高すぎる。しかし自分がノー相談で無職になった手前、お前は辞めるなとは言えず「辞めてもよい」と言ったところ、その後持ち直し、今も仕事を続けている。

つまり、追いつめられている

人間には「いざとなったら辞めてもよい」という逃げ道を与えた方が、心に余裕ができ、持ちこたえてくれるということだ。

だが本当にアドバイスに従って辞められても困るので辞めていいではなく「一緒に労基にカチ込もう」「俺が部長を羽交い絞めにするんで、課長はとどめをお願いします」というように、「いざとなったらこうすればいいんだ」という最終手段を示せれば、何でもいい。

意外と追いつめられている人間というのは、会社に殺されるか、自ら死ぬかの二択になってしまっている場合が多いのだ。「死にはしないし、死ぬ必要もない」「鬱で3年寝込むより、傷害未遂で懲役1年」という他の選択肢があることを気づかせてやることが第一である。

まとめ

「いざ」という選択肢があるから、余裕ができる

第2章

コミュニティを泳ぐ知恵

08

マウンティングへの対処法

子分にだけは絶対なるな！

「マウンティング」という言葉が一般化して久しい。元々犬とか猿とかが、己の優位を示すために、相手のケツに乗ったりする行動のことを指す。つまり、やっと我々が人間より遥かに優れたおドッグ様たちの真似ができるようになった、という喜ばしい話だ。

人類史にとっては「前進」だが「マウンティングされる側」になると悲惨である。

「マウンティング」と言うと、眼力がやたら強いキラキラ女子やセレブたちが、彼氏の年収やタワマンの階数で競っているイメージがあるかもしれないが、マウンティングは誰でも行うもので当然、男もやる。

もちろん、職場でも、上司から部下、同僚同士、先輩から後輩、逆に後輩が先輩にマウンティングすることだってある。上から下にする「パワハラ」よりもさらに無差別級の血で血を洗う戦いなのだ。

マウンティングは、その場限りのイラつく自慢話ではなく「全てにおいて俺はお前より優位にある」と示す行為である。それに屈すると、たとえ相手が同僚だろうが、後輩だろうがへりくだってしまう。つまり「子分」になってしまう、ということである。カンダタ一味で言えば、カンダタの両サイドにいる手下の盗賊ポジションだ。

子分になると、親分の言うことは絶対、親分の横暴に耐えるのは当然、親分が何か言えば「さすが親分！　それに比べてアッシときたら……」と相手を持ち上げ、自分を下げなければいけなくなる。

つまり**マウンティングに屈すると「自己肯定感」がペイ騒動のときのセブン株ぐらい下がってしまう**のだ。

職場でこの状態になると、自分のすることに自信が持てず、ただ親分の言うことだけを諾々《だくだく》と行うガキの使いになってしまう。

会社に上下関係はある、だが「子分」にだけは絶対なってはいけない。

「聞き上手」が命取りになる！

マウンティングの対処法だが、まず大事なのは「これマウンティングや」といち早く気づくことである。

それに気づけば「真面目に聞かない」という対処ができる。相手がマウンティングを始めたと気づいた瞬間、心を遥か上空に避難させる、簡単に言えば「上の空」だ。真面目に聞くから「へえ～すげ～！」とバカ正直に感心してしまい、気づいたらケツに乗られているのである。

マウンティングを取ろうとしてくる人間は、ことあるごとに優位に立とうとするので、そういう相手と話す時は、心を常にトカゲのしっぽのように切り離しておくこと

をお勧めする。つまり、真面目で人の話をよく聞く人間ほどマウンティングを取られやすいということだ。

「人の話を聞かない」というのはコミュニケーションで一番やってはいけないことであり、「聞き上手」こそが、本当のコミュ強であるというのが定説となりつつある。

しかし世の中には「聞かなくていい話」も多々あり、それまで全てちゃんと聞いていたら、マウンティングを取られたり「愚痴を聞いてくれるゴミ箱」扱いされてしまう。

「池の水全部抜く」みたいな勢いで「人の話全部聞く」ではなく、聞くべき話と聞かなくていい話を見極めて聞くのが本当の聞き上手だ。

マウンティング話など聞かなくていい話の代表格だ。まずこれを見極められるようになり「聞かない」ようにするのが、マウンティングを回避するコツである。

または、「ダメなネット民を見習う」だ。ダメなネット民というのは、女性がどんな偉業を成し遂げても、「でもブスじゃん」と全く関係ない点を指摘し、「だから俺の勝ち」と謎の勝利宣言をする。それと同じように、相手がどんなマウンティングをしてきても「でもお前、口臭いよ」と、全く関係ない相手の欠点を見つけるだけで、マウンティングは回避できる。

あまりいい方法ではないが、己の「自己肯定感」を守る戦いだ、手段は選ぶな。

まとめ

あえて「ダメなネット民」を見習ってマウンティングを回避

09

派閥争いに巻き込まれたら?

出世したいなら、派閥は避けて通れない

まず申し訳ないことに私は「派閥争い」というものに巻き込まれたことがない。

なぜなら「派閥」に誘われた記憶がないのはもちろんだが、何らかのグループに所属した記憶すらないのだ。

あまりにもそういった記憶がなさ過ぎて、脳が通ってもいない大学の入ってもないサークルでの思い出を勝手に作り出さんばかりの勢いである。

よって「派閥に所属しないで済む方法」ぐらいならヒントを出せるかもしれないが、それは「孤立する方法」と同義なので実践する時は心して行って欲しい。

まず一番大事なのは「自分から派閥に入れてくれ」と言わないことである。当たり前のことを言うなと思うかもしれないが、これは意外と重要なことだ。なぜなら、会社や学校など、一人でいるというのは普通に「寂しい」のである。仮に寂しくなくても、周囲に「寂しい奴」と思われたくない、というのはあると思う。

それを回避するためには、とりあえずどこかのグループに所属するしかなく、大体の人間が、どこかのグループにすり寄り入れてもらうことを選ぶのだ。もしくは、グループに入れなかった精鋭だけが集まって「イケてないグループ」を結成する場合もある。

ともかくグループに入ろうと思えば、入れないこともなく「舐《な》められ役でいいから入れてください」と頭を下げれば、よほどでない限りは入れるものである。

派閥やグループに所属しないでいようと思ったら「孤独」そして「あいつ、ボッチだな」と思われる「屈辱」に耐える強い精神力が必要ということだ。

もしくは「入れて」とも言えない、もはや「才能」と言っていいほどのコミュ力のなさが求められる。

よって、派閥争いに巻き込まれたら、まず「派閥に入れてるだけマシ」「派閥に入ってない方がもっとキツイ感じになる」と思ってもらいたい。

学校生活であればグループに入れなければ死活問題だが、会社は必ずしもそうではない。ただ、出世したいと思えば、派閥は避けて通れないと思う。

一匹狼で天下を取るのは漫画の中だけの話だ。

むしろ漫画ですら派閥争いは出てくる。もちろんそれは島耕作知識だが、ホスト漫画ですら「聖也派」など派閥が出てくるぐらいなので、組織の中でのし上がろうと思ったら派閥は避けて通れないのだろう。知らんけど。

無能か、孤独か

しかし、誰しも会社のトップや夜王《やおう》になりたいと思っているわけではない。ただ決められた時間だけ淡々と働き、その分の給料がもらえれば十分な人もいるだろう。

敵にも味方にも
したくなり
どうでもイイ人材に
なれ

そういう人にとっては派閥というのは面倒ごとでしかない。

会社で派閥に入るまいと思ったら、まず出世欲は捨てること、そして前述の通り孤独に耐える強い心、時には「ランチぐらいは断る」という強い意志も必要である。事実、私は断っていた。

もしかして、派閥に入った方が楽なのではないか、と思ったかもしれない。その通りだ。

なぜ、派閥やグループなどという煩わしい物があるかというと、面倒だが入った方が何かと便利だからである。

それでも派閥には入りたくないという鋼の意志があるなら、自ら派閥に入ろうとしないことはもちろん、派閥に勧誘されてもならない。

もし、勧誘されて断ったら「敵」と見なされ平穏な生活が危ぶまれる恐れがある。よって派閥に勧誘されない人材にならなければいけない。派閥に勧誘されない人材というのは、概して「無能」である。味方にしたら足を引っ張られそうだし、敵に回しても大して怖くない人間と思わせれば、どこからもお誘いはこない。

ただし、そういう人間はリストラ候補とかにもあがるため、派閥への所属を避けるあまり、企業という組織にも所属できなくなるということがままある。

面倒かもしれないが、派閥争いに巻き込まれたら「自分はこの派閥や会社に必要とされている」と、自己肯定感を高める手段としてほしい。

まとめ

派閥争いに巻き込まれるのは、必要とされている証拠

10

職場での悪口の対処法

リモートワークで発生するリモートセクハラ

世間は緊急事態宣言を解除するのかしないのか、という状況だが、依然、在宅勤務という人も多いだろう。※リモートワークが始まった当初は「このデータを出力して先方にFAXしろ」などの「どうでもいいこと」に仕事を中断されることがなくなって快適という意見が出ていた。しかし、外出自粛が長引いたことにより、すでに皆がリモートワーク自体に慣れつつある。

新しい道具というのは使いこなせるようになるまでに様々な問題が起こるが、慣れ

※本稿は2020年5月時点に執筆いたしました。

てきたらきたらで、今度は「これを尻に入れたら気持ちいいのでは？」というような「いらん使い方」をして問題が起きたりする。

よってリモートワークが定着するにつれ、リモートワークならではの問題や無駄なことが生まれつつあるという。


ちなみに在宅勤務になったことにより起こった問題第1位は、「仕事中ウンコを漏らしやすくなる」である。オフィスにいる場合、「万が一」が起こっては困るので、便意を極限まで我慢したりはしないし、自由に屁をこいたりもしない。

しかし在宅勤務になったことにより、いつでもトイレに行ける安心感から限界を越えてしまったり、屁もこき放題なため、その勢いで「誤爆」をしてしまうそうだ。

つまり「緊張感」が著しく欠けるのがリモートワークの大きな問題の一つである。


そんなわけで今回のテーマは、職場での便意のかわし方、ではなく「職場での悪口の対処法」である。

慣れると無駄なことをし始める、と言ったが、実際リモートワーク慣れしてきたことにより、リモート会議で誰か一人が席を離れたらそいつの悪口が始まる「リモート悪口」がすでに始まっているのだという。

ちなみに、やたら女子社員と通話したがり、プライベートなことを聞いてくる「リモートセクハラ」も発生しているようだ。

これには海原雄山《かいばらゆうざん》も「バカどもにビデオ通話を与えるな！」と大激怒である。

悪口はとめない。でも同意もしない

リモートを使った「リモート飲み会」が流行《はや》っているが、リモート飲み会の欠点として「やめ時がわからないので飲み過ぎてしまう」というのが挙げられている。

同じように、リモート悪口などのリモートによる無駄話も切り上げ時が難しく、逆に出社していた時より無駄につきあわされるようになった人もいるかもしれない。

さらに「上司より先に通話を切ってはいけない」という当然のように生まれたクソビジネスマナーも追い風になってしまっている。

リモートでもリアルでも、「職場で悪口が始まった時の対処」は、悩みのタネだ。

残念なことに、職場での悪口はコミュニケーションの一つなので、下手に「悪口はやめろ」などというと、今度は自分が的にされかねない。

しかし、悪口に乗るのもやめた方がよい。なぜなら悪口ばかり言う奴が一番悪口を言われているからである。言った分だけ、自分に返ってくると思った方がよい。

よって悪口は「やめない、だ

からといって同意もしない」のが一番なのだ。

つまり「聞くだけ」である。

悪口というのは、「一緒に盛り上がろうぜ、高め合おうぜ」というライブのお誘いみたいなところがあるので、ノリが悪い奴は誘われなくなるのだ。

ただ、聞いているだけでも嫌な気分になる人もいるだろう。「話題を変える」という手もあるが、急な方向転換はわざとらしい。

よって相槌ではなく「どういうことですか?」と何回も聞き返すなどしよう。「理解力のない奴との会話」は、相手もイライラするので早めに終わる場合が多い。

悪口が始まったら、「バカ」のふりをしよう。バカはそこまで敵視されない利点もあるので、一石二鳥である。

まとめ

悪口が始まったら戦略的に「バカ」になれ

11 コミュ障のための「雑談講座」

いざという時に助けてもらえる関係作りは大切

「コミュ障」を名乗る人間のほぼ全員が「苦手」と答えるのがこの「雑談」である。だが本物のコミュ障は「雑談が苦手か?」と聞かれたら「フヒっ」と答えるので、「苦手です」と聞きとれる声で答えられた者はまだ希望がある。

最近は、職場では仕事の話さえできていればいい、それ以上のコミュニケーションは不要と考える人も多いだろう。よって「雑談」も不要、と思うかもしれないが、必ずしもそうではない。それはあくまで「職場の人間と友達にならなくていい」「仕事以外でつきあう必要はない」「俺たちは仲間（ファミリー）じゃない」という意味である。

確かに仕事の話だけする、というのも普通に仕事をするだけなら問題はない。だが仕事には「ピンチ、または大ピンチ」という状況がつきものだ。

そういった状況に陥った時は、まず上司に「ホウレンソウ」。場合によっては周囲に助けを求める必要もある。

だが、**職場の人間とコミュニケーションがまったく取れていないと、そういう時「言いづれえ」のである。**まず誰にホウレンソウしていいのか迷うところから始まるし、当然助けを求める相手は「思いつかない」のである。そうなると、トラブルを隠したり、一人で抱えこむという、一番やってはいけないことをしてしまいがちになるのだ。

ちなみに回答が「フヒっ」の人間は5億%この行動をとるか、失踪する。

有事の際ほど、日頃のコミュニケーションが大事なのだ。

社内でのコミュニケーションというのは、ほとんど「会話」である。「弊社では相《す》撲《もう》がコミュニケーションです」という人は、まずその問題をなんとかした方がいい。

「いらんこと」を言わない必勝法は、黙ること

会話の中には当然、仕事には関係ない「雑談」も含まれている。

会社の人間とプライベートな話などしたくない、と思うかもしれないが、むしろプライバシーを明かさないために、当たり障りのない会話で場をもたせる「雑談力」が必要になるのだ。

特に会社での会話というのは、何を話すかよりどれだけ「いらんこと」を言わないかの方が重要なのである。「休日何してるの？」と聞かれて「休日は大体全裸で四つん這いですね」と馬鹿正直に答えたら、悪い意味で一目置かれてしまう。

この「いらんこと」を言わない必勝法はまず「黙る」ことである。

それでは、コミュ障と同じではないか、と思うかもしれない。まったく喋れないのもコミュ障である。だが中にはよく喋るがそのすべてが「いらんこと」という百発百中を誇るゴルゴコミュ障も存在し、そちらの方が症状としては重篤なのだ。

相手にしゃべらせることが重要。
フンッ
フンッ

だがずっと「無言」というのも感じが悪いし、気まずく、何よりコミュニケーションが取れない。しかしこの「無言」に必要以上のプレッシャーを感じ、挙動不審になったり、いらんことを言いがちなのもコミュ障の特徴である。だが無言というのは相手も黙っているから起こっている現象だ。

つまりこの無言は二人の愛の結晶である。自分ばかり責任を感じることはない。

「黙る」の次に有効なのは「相

手に話させる」ことだ。

結局、会話の地雷というのは口数が多い奴の方が踏みやすいのである。

「からあげが好き」という話だって10億回すれば10回ぐらいは「私が両親をからあげに殺されていると知って、そんな話を?」ということが起きるだろう。

その点、相手に話させれば、地雷を踏む確率は減り、なおかつ沈黙にもならない。

よって雑談はまず自分が何を話すかより「相手に何を話させるか」を考えた方がいい。オタクが自分の好きなアニメの話になると饒舌《じょうぜつ》かつ早口になるように、誰しも一つぐらい「気分よく話せる話」を持っているものである。

それをどうやって見つけたらいいかというと、まず相手に興味を持つことだ。

だがその「他人への興味」がないのがコミュ障最大の特徴とも言える。

まとめ

相手に9割話をさせれば自分で話さなくて済む!

12

気が乗らない花見の乗り切り方

「飲みニケーション」に効果はない

今回のテーマは「花見の乗り切り方」だ。※

未だに花見をしている会社などあるのだろうかとも思ったが、大企業ほど新入社員に「パプリカ」を踊らせたりと、限界集落の因習みたいなことを続けているものである。

ちなみにひと昔前なら「U・S・A」だ。

なぜ、日本の企業が山賊の如く酒宴《しゅえん》を開きたがるかというと、個人より「社員一丸」になることに重きを置きがちで、一丸になるには飲み会を開くのが一番と思っているからだそうだ。

※本稿は2020年2月時点に執筆いたしました。

だが「飲みニケーション」に効果があるかというと多くの人が「ない」と答えている。確かに、飲み会中の出来事は、醜態や失言ですら「酒の席のことだから」と、なかったことにされがちである。ならば、飲み会で取ったコミュニケーションだって「その場限りのこと」にされるに決まっているのだ。

よって「飲み会でコミュニケーションを取ろう」という発想は、上司でも部下の立場でもしない方がいい。部下の話を聞くにも「飲み」という、業務時間外の時間を取ろうとする時点でヘイトを集めているのだ。美味《うま》い物を食わせてやるとかいう問題ではない。**人は上司の説教や自慢を聞きながら食う寿司より、ソシャゲをしながら食う菓子パンの方がよほど美味く感じるものなのだ。**

職場のコミュニケーションというのは、あくまで職場内で取るべきなのである。むしろ職場で取れないコミュニケーションが、たかが数時間の飲み会で取れるわけがないのだ。

だが、職場でコミュニケーションが取れない人間ほど、飲み会で酒の力を借りて取ろうとする傾向がある。これは完全にアルコール依存症になりがちな人の発想なので、気をつけた方がいい。その内「ストロング系」をキメないと出社できなくなる。

そもそも、「酒を飲めばコミュニケーションが取れる」というのも錯覚の場合が多く、相手からすれば「同じ話を100万回聞かされた」だけかもしれないのだ。

心を無にして「ひたすら終わるのを待て」

「飲み会で上司の心証をよくしよう」というのも考えない方がいい。

飲み会で上司の心証がよくなる行動と言えば、サラダを取り分ける、酌をする、自慢話に「すごーい」とひっくり返り、人生論に「深いっすね……」と海より深く頷くことである。つまりキャバ嬢としてのスキルが上がるだけなのだ。

キャバ嬢の方はそれが仕事なのでいいが、他の業種でそう思われるのは損でしかない。「あいつは喜々として無料キャバ嬢になる」というスキルになると、飲み会のたびに厄介な人の隣に爆弾処理班として配置される羽目になってしまう。

特に女性は飲み会でそういう役割を押しつけられがちなのだから、自ら率先してその役をやるのは自爆としか言いようがない。爆弾処理係にされるぐらいなら、自らが爆弾となって、居酒屋の隅で手酌で「いいちこ」を舐めていた方がまだマシだ。

つまり、会社の飲み会は、仕事上あまり意味のあることではなく、スルーしても特に問題ない。しかし、飲み会で一丸となろうとしている会社は、不参加の人間を「和を乱す存在」と見なしがちなので、それも難しいのが現状だ。

よって、花見など、行きたくもない飲み会に行く時は、大して親しくない人間の「葬式」だと思って行こう。葬式と思えば、気が乗らなくても、行かないわけにもいかないという諦めがつきやすい。

そして「盛り上げよう」などという変な気も起こさないで済む。

逆に言えば、会社の飲み会を盛り上げようと変に張り切るのは、葬式を盛り上げようとするぐらい事故が起こりやすいということである。

泣きもせず、笑いもせず、ただ神妙な面持ちで、全てのプログラムが消化されるのをひたすら待つ。それが一番無難な会社の飲み会での振る舞いである。

まとめ

行きたくない飲み会は「葬式」だと思えば諦めがつく

13 仕事や誘いの「上手な断り方」

自分の評価を下げないために仕事を断る

正直、自分が聞きたい。仕事を安請け合いした自分を受精卵の段階から抹殺したいと思うのは日常茶飯事だし、会社員時代、行きたくもない飯を断れず、シャリというより砂利を使っているとしか思えない寿司を食ったことも一度や二度ではない。**毎日3食、100年生きたとしても、食事の回数は10万回しかないのだ、その貴重な1回を石や砂を食うのに使うなんて、もったいないとしか言いようがない。**

仕事もフリーランスならやっただけ収入になるからまだいいが、固定給の場合、自分の仕事以外のことをやらされるのは損なだけである。

あのキティちゃんに、あらゆるコラボ企画の話がくるのも彼女に「仕事を断らない女」というイメージがついてしまっているからだ。キティさんはバリキャリウーマンなので、どんな仕事でも難なくこなすが、常人に「仕事や誘いを断らない奴」というイメージがつくのは大変危険である。どんどんやらなくていい仕事が舞い込み、プライベートの時間が削られ、飯が砂になる。

相手に悪印象を与えない断り方

断れない人間がなぜ断れないか、というと、まず断ることにより相手の不興を買うのが怖いというのがある。しかし安請け合いし、キャパオーバーになって迷惑をかけたら結局評価が下がってしまう。

よってまず、評価を下げないために断らない、ではなく「下げないために断る」と考えるようにしよう。

そして重要なのが断り方だ。容姿が優れないことを「ブス」と言うのと「上級者向けの顔」と言うのとでは相手に与える印象がまるで違う。断るにしても相手に悪印象を与えない言い方をしなければならない。

ここで手本にしたいのが、『ジョジョの奇妙な冒険』に出てくる、岸辺露伴《きしべろはん》先生だ。彼の有名なセリフに「だが断る」というのがある。一見、不遜極まりないセリフだが、注目してもらいたいのは「だが」の部分である。

これは相手の提案やお願いが魅力的であることは理解しているが、あえて断るという意味での「だが」だ。つまり「大変もったいないお話ですが、辞退させていただきます」という意味である。

このように、お願いを断る時は「残念だけど断らざるを得ない」という態度で断わった方がいい。決して「何で」「嫌だ」など、相手の申し出が不愉快であるような断り方をしてはいけない。

だが「残念ながら」だけだと「残念ならやれよ」という話になってしまう場合がある。なぜできないか「理由」も言い添えた方がいい。

何かから逃れる常套句《じょうとうく》と言えば「親族の葬式」だが、あまり多用して親族が増えすぎると、お前の一族はＬＤＨファミリーか、という風になってしまうし、そのような嘘はバレた時のリスクが高い。よって、「家庭の事情」など、嘘をつくにもぼんやりさせておいた方がバレにくい。

また、断るだけでなく「来世ではぜひ」など、次を匂わすことにより、今回はたまたまダメだったことをアピールしよう。

しかし、中には、上司からの

しつこい食事の誘いなど、二度と誘われたくない誘いもあるだろう。「次はぜひ」などとワンチャンを与えていたら永遠に誘われ続けてしまう。はっきり断ればいいとは言うが、相手が目上だと、なかなかそうはいかない。

そこで使いたいのが「えっ!?」である。イエス、ノーすら言わずに「マジで言っているのか、お前?」という驚きのリアクションをとることにより、相手が自ずと「まずいことを言った」と思う場合がある。また「プライベートで食事を? 二人きりで?」と相手の誘いをそのまま復唱するのもいい。

ただ、それでも果敢《かかん》に誘ってくる者はいる。そんな時は、飯の回数は10万回しかないことを思い出して、はっきり断ることも必要だ。

まとめ

相手の誘いを復唱し、驚きのリアクションを!

14

社内恋愛で振られた先輩の慰め方

リスキーすぎる！　好意がハラスメントに……

今回のテーマは「社内恋愛で振られた先輩の慰め方」だ。

実際、コラム連載担当の先輩が社内の女子社員とつきあったが別れてしまい、その後その女子社員は別の会社の人間とつきあったうえ結婚してしまい、相当凹んでしまって、担当と周囲も気まずかったそうだ。

恋愛は自由だが、もしかしてその先輩男性社員は「会社の外にも女はいる」ということを知らなかったのではないだろうか。

ネットの普及で世界中の人間と出会えるようになった今、わざわざ「会社」という狭いうえにデリケートな輪の中で相手を探す必要などない。実はすでに社内恋愛より殺人が起きる率の方が高くなっているのだ。

そう言いたいところだが、未だに社内恋愛はあるし、殺人より多い。ただ「失踪に見せかけた殺人」も入れればイーブンぐらいだとは思う。私も過去10年近く会社員をやっていたのだが、その間、社内恋愛も不倫もバッチリ見た。

恋愛は自由である。業務に支障さえ出さなければ会社で恋愛するなというのは越権《えっけん》だし、まして「社内恋愛禁止」など、権利の侵害である。

だが最近それに一石を投じる言葉が生まれた。その名も「告ハラ」だ。「告ハラ」とは「告白ハラスメント」のことである。

つまり**「貴様の愛情吐露は嫌がらせでしかない」ということだ、あまりにも厳しすぎる。戦国時代の方がまだ生きやすかったのではないだろうか。**

ただしこれは「勝算のない告白」などに限られる。

本人は「この気持ちに踏ん切りをつけるため！」とか思っていても、された相手はつきあいたくない相手に告られた時点で嫌なのに、さらにそれを断らなければいけない、という負担を負わなければいけないのだ。

さらに相手が会社の人間で、これからも顔を合わせるとなったら、上手く断らなければいけないし、それが先輩や上司だったらそのストレスは計り知れない。

相手に巨大な負担を背負わせるかもしれない、ということをまったく考慮せず「自分がすっきりしたい」「あわよくばワンチャン」という動機で告白するのは確かにハラスメントと言われてしまうかもしれない。

親身になるほどバカを見る

また社内恋愛が上手くいかなかった時、担当の先輩のように周囲すら気まずくさせてしまうこともある。恋愛は自由だが、己の自由のために周囲に不自由を強いるような恋愛なら控えた方がよい。会社であればなおさらだ。

しかし、したくなくても落ちてしまうのが恋であり、恋をしている人間はＩＱが2

ぐらいになっている。

よって恋愛中の人間に「相手や周囲のことを考えろ」と言っても「私の顔の周りを飛ばないでください」と虫を言葉で説得しようとしているのと同じで無意味である。「慰め」も耳に届かない可能性が高いうえ、新しい相手が出来た途端、もう元カノの名前すら忘れているという、ここでも虫っぽさを発揮してくる。

つまり「どう慰めたらよいか」などと、親身になればなるほどバカを見やすいのが他人の恋愛である。

よって、社内恋愛含め他人の恋愛に巻き込まれたら「面白がる」しかない。決して一緒に心を痛めてはいけない。

相手は周囲を巻き込むかもしれないということを考えずに自分の社内恋愛というジョイを選択したのだから、周囲だってそれをジョイする権利がある。

実際「気まずいわ〜」という体《てい》を取りながら、その三角関係を楽しんでいた人間は絶対いたはずだし、慰めるフリをして煽っていた奴もいただろう。

実際私はそうしていた。このように「社内恋愛」は自由だが、相手や周囲に迷惑をかけることもあるし、さらに社内の「エンタメ」として消化されてしまう恐れもあるので、その覚悟で挑んで欲しい。

まとめ

他人の恋愛に巻き込まれたら、「面白がる」しかない

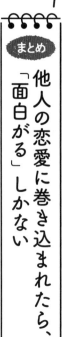

15 空気が読めない人の正しい気配り法

空気を完璧に読める奴などいない

簡単に言えば「空気ってどうやったら読めるんだ？」ということだ。

おそらく空気が読めない奴は、皆が別の話題で盛り上がっている時に、突然こういうことを言い出して「そういうとこだよ」と思われているのだろう。

「空気が読めない奴」は2種類いる。まず、最初から空気を読む気がなく、自分の言いたいことを言う脳と口が直通している奴。そして空気を読もうとして見当違いのことを言ってしまう奴。最後に、空気を肉眼で見ることができない奴だ。

いきなり3種類になってしまったが、ほとんどの人間が3番目だと思う。空気を完璧に読める奴など存在しないのだ。

「空気が読めない」ことに悩んでいる人間は、まず「他人は読めている」と勘違いしている場合が多い。実際は同じように読めてないか、ハナから読む気がない奴の方が多いのだから、まず自分だけ読めてないと思うのをやめよう。

しかし、肉眼では見えなくても「見えないものを見るセンス」に差があるのは確かだ。こう書くと幻覚を見るセンスみたいだが、空気を読むのが上手い奴と下手な奴がいるのは事実である。

センスがない人間が、まずすべきことは、センスのいいことを言おうとすることではなく「黙る訓練」である。「沈黙は金」というのは下ネタではなく、立派な格言である。センスのないことを言って空気の読めない奴と思われるぐらいなら、黙っていた方がマシなのだ。

しかしこの戦法を取り続けると「しゃべれないコミュ症」が爆誕《ばくたん》してしまうのも事

実だ。私も完全にこのタイプである。

ただ、おしゃべりクソコミュ障としゃべらないコミュ障どっちがマシか、というと後者なので、「おしゃべりクソコミュ障タイプ」は、とりあえずしゃべらない方にジョブチェンジしたほうがいい。

「何か話さなきゃ」という謎の責任感は持つな！

しかし空気を読もうとして空回りするタイプほど「沈黙」に弱かったりする。

エレベーター内で沈黙になったりすると「この沈黙を打破せねば」と焦り、おかしなことを口走ってしまうのだ。

沈黙を破る一声というのは、目立つうえに唐突になりやすいものであり、センスがない奴がやってそう上手くいくものではない。

だがノーセンスな奴ほど、この第一声で特攻し玉砕しがちなところがある。

つまり、空気を読もうとして失敗しがちな人間は、他人といる時、「焦り」を感じ

まじっすか
まず練習すべきは
会話ではなくリアクション

やすく、焦りからトチくるった発言をしやすいのだ。

どうして焦りがちかというと「この沈黙を打破するのは俺しかいない」など、その場に対し「謎の責任」を感じていることが多いからだ。

「自分を囲む会」とかだったら多少の責任はあるので、無言や「別に……」だけでは怒られるが、そうでなければそこまで自分が身体を張ってその場を何とかしようと思う必要はない。

よって、まず自分はその会話

の責任者ではなく平社員の一人にすぎないと思おう。

そう思えば、たとえ沈黙になったとしても、それは同じく黙っている奴にも平等に責任があり「自分が先陣をきって何とかせねば」などと思う必要もなくなる。そうすれば、焦りもなくなり、空気も前より正確に読めるようになるのではないだろうか。

そもそもセンスがないのだから、会話の中での地位は平社員ですらなく「バイト」程度だと思っていた方がいい。

バイトが責任者のように発言していたら「なんだコイツ」と思われるのは当然である。バイトはバイトらしく、偉い人が喋り出すのを待って「へえー」とか「マジっすか」と言うところから始めた方がいい。

まとめ

空気の読めない人は、「いいから黙ろう」

第3章
面倒くさい人のトリセツ

16
「かまってちゃん」のいなし方

無視は一番やってはいけない

現在、既知の通り、世界は新型コロナウイルス流行の渦中である。

仕事面においても、在宅勤務やリモートワーク、そもそも仕事自体がなくなってしまったりと、影響を受けている人も多いだろう。

こういう時、無職の引きこもりは「何も変わらない」という強みがあるのだが、もちろんそういうタイプはコロナ禍と関係なくいつか死ぬ。

今回はじめてリモートワークをすることになった人も多いだろう。

他社員との連携が上手くいかなかったり、ＴＶ電話に映る姿が全員会社とは別人すぎて、初見の洋画ぐらい顔と名前を一致させるのに時間がかかったり、コーヒーがストロング系に変わっていたりと、在宅故の苦労も出てきているはずだ。

しかし、在宅勤務になったことにより「どうでもよいことに仕事を中断されることがなくなった」という意見も多いようだ。

「どうでもよいこと」とは、部下の「そんなことないよ」待ちの自虐、同僚の彼ピッピの話、上司の突然始まる武勇伝、そして「何もしていないのにコピー機が壊れた」のコールなど、文字通りどうでもよいことである。現在、在宅勤務によりこれらの「かまってちゃん」から解放されている人も多いだろうが、事態が収束したあと「これからもリモートでいいじゃん」となりそうにないのが我が国である。今の内にそういう人間に煩わされない方法を考えておいてもよいのではないだろうか。

まず一番に考えられるのは「無視」である。

そんな寂しがり屋は、在宅勤務で一人になったら死ぬんじゃないか、と思われたが、意外に死なないことが判明した。これはリモートワークによる大きな発見である。つまり無視しても大丈夫ということである。

しかし、これは一番やってはいけない対応だそうだ。無視というのは基本的に小学5年生の2学期までしか許されないコミュニケーション方法である。

ちなみに**「無言&不機嫌」が許されるのは乳児までだ。特に、会社というのはどれだけ合わなくても、それなりのつきあいが要求される場である。**

あからさまな無視はこちらの方がヤバいと思われかねない。

敵に回さないよう、時には褒めておこう

そして、相手は「かまってちゃん」のうえに、おしゃべりクソ野郎である、ということを忘れてはならない。あまりに激塩対応をすると、それを周りに言いふらされる可能性が高く、そういうタイプは話を盛りがちなので、豆板醤《とうばんじゃん》対応をしたぐらいに言われる恐れがある。

つまり、あまり敵には回さない方がいいタイプということだ。よって、適度に話は

聞き、時には褒めることも大事だという。

　しかし、褒めてしまったらもっと褒めてほしくて、かまってがエスカレートするのでは、と思うだろう。確かにその通りである。よって決して「上手い褒め方」はしてはいけない。「さすが」「知らなかった」「すごいっそーい」などの合コンさしすせそを、限りなく感情をこめずに言うなどに留めた方がいい。

　可能なら、個性的であることを褒めて欲しそうな相手に「その鼻の穴の数、流行《はや》っているよね！」など、「そこじゃねえよ」という褒め方をすれば、相手はもっと褒めるのが上手い相手にターゲットを変える。

そして「それで？」など話を広げるような相槌を打たないのもポイントだ。疑問形ではなく「そうなんですね！　すごいですね！」と「これにて完結」という返事を心がけよう。

つまり、目指すのはコミュ障の会話術である。話が広がらない、相手がいい気分で話せないことに関してはコミュ障の右に出る者はいない。

現に私は「かまってちゃん」にターゲッティングされたことが一度もない。

コミュニケーション能力というのは誰に対しても発揮するものではない。コミュニケートしたくない人間相手の時には、力を封印することも必要なのである。

まとめ

「面倒くさい人」には、コミュ障の会話術で対処せよ

17

後輩が仕事を抱え込むのを防ぐ方法

「怒られたくない！」から仕事を抱え込む

後輩に仕事を任せ、そろそろ出来たかなと思ったら、出来ていないどころか、自分が何をしたらいいのかさえ理解していなかった、というのはよくある話である。ねえよ、と思ったかもしれないが、少なくとも私の身にはよく起っていた。もちろん抱え込む側としてだ。よって抱え込む側の気持ちはよくわかる。

まず、なぜ抱え込むかというと「死んでも怒られたくないから」だ。「何がわからないのかもわかりません！」と言って怒られるのが嫌だから、さも「完全に把握」であるかのような顔をして、取り返しがつかなくなるまで仕事を抱え込み続けるのである。

その方が逆に死ぬほど怒られるだろう、と思うかもしれない。その通りだ。

しかし、**そういうタイプは「今この瞬間怒られないことが大事」という刹那《せつな》的生き方をしているため、先々のことなど考えずに「大丈夫っす！」と言ってしまうのだ。**

よって「怒らない」のが一番いいのだが、それだと残念ながら相手が図に乗る。むしろそういうタイプに「絶対怒らない人」認定をされると、ありとあらゆる面倒ごとの相談窓口にされ、「パイセンの方からすぐ怒る上司に報告してくれませんか？」などと平気で言ってくるため、菩薩《ぼさつ》と思われるのは絶対に避けなければいけない。

「相談しやすい雰囲気」を醸し出すには？

大事なのは「相談しやすい雰囲気」である。後輩とて、平気で仕事を溜め込んでいるわけではなく、いつこの惨状《さんじょう》を先輩に伝えようか、と迷い続けているのだ。もちろん、この報告が早ければ早いほど傷は浅くなる。

この「初動」を左右するのは当然、相手が「相談しやすいか否か」であり、さらに重要なのは「相談することで苦しみから解放されるかどうか」である。相談して怒られたうえに、「知らん、てめえで何とかしろ」と言われるだけなら言うはずがない。

よって、まずは平素から無駄に怒るのはやめた方がいい。「怒りっぽい人」と認識した時点で、絶対怒られたくない人間はほぼ何も言わなくなってしまう。

また、言葉遣いを乱暴にしたり、むやみに大きな声を出すのはやめた方がいいし、できればモヒカンやトゲつきの皮ジャンも控えよう。

社会に反する組織の方がコワモテな格好をするのとは逆に、社会的な組織に所属している場合は、外にはもちろん、部下にも威圧的にならないことが大事である。

上司や先輩として威厳は必要と思うかもしれないが、あまりにも「舐められたらあかん」という姿勢で接すると、下の者は萎縮し、萎縮すると「ホウレンソウ」を一斉に放棄し始めるため、管理職としての資質ナシと判断されてしまう。ともかく「怒ったりジャックナイフを出さずに話を最後まで聞く人」と思われることだ。

しかし、聞くだけでは、女同士の悩み相談と言いながら最初から答えが決まっている話と大差なくなってしまう。

よって「この人に相談すればこの苦しみから解放される」と思わせることも大事だが「俺に任せろ」みたいなことを言うと、後輩が抱えていたものを自分が抱えるだけだし、面倒ごとの窓口どころかディスポーザーと思われてしまう。

相談されたら解決策を一緒に考え後輩にやらせる、もしくは抱えていた仕事を周囲に振り分けるなどの対策を講じよう。それ以前に、そういうタイプは「言わなくても自分のピンチに気づいて声をかけてほしい」と面倒くさい彼女みたいなことを考えているため、取り返しがつかなくなる前に気づくことも大事である。

基本的に「大丈夫か？」と聞いて瞬時に「大丈夫です！」と答える場合は、大丈夫じゃない可能性を想定した方がいい。

そもそも、「大丈夫か？」という質問自体曖昧すぎて瞬時に答えられるものではなく、たとえ大丈夫でも何がどう大丈夫なのか多少シンキングタイムが必要なはずである。それがないということは何も考えずに反射的に答えているだけだ。

絶対怒られたくない勢の口癖は、ノーシンキングの「大丈夫」。これを覚えておくだけでもボンクラ後輩の見分けは大分つきやすくなる。

まとめ

秒で「大丈夫です！」と答える後輩は要注意

18 繊細すぎる部下の育て方

自称「繊細な人」の正体

最近「ＨＳＰ」という言葉が浸透しつつある。「歯茎スカスカパーソン」ではない。それはただの老化現象だ。「Highly Sensitive Person」の略で「とても繊細な人」という意味だ。物事を深く考えすぎたり、他人の些細な言動を気にしすぎたりするだけでなく、音や光、臭いなど、全てに対し敏感な人のことを指す。

こういう人たちは全裸にハッカ油を塗ったが如く、あらゆる刺激に過剰に反応してしまうため、特に職場では気疲れしやすいという特徴がある。

全裸になってハッカ油を塗ろうという発想に至る奴が繊細なわけはないのだが、そういう人がいるのは事実であり、ＨＳＰという言葉も徐々に広まりつつある。

確かにＨＳＰの人は生きづらかろう。しかし「繊細すぎる奴と一緒に働かなければいけない人」というのもかなり生きづらいのである。

「ＨＳＰ」で検索すると「繊細すぎるＨＳＰの人がどうやって生きていくか」という話題ばかりヒットするが、おそらくこれは「ＨＳＰの人」ではなく「自称ＨＳＰ」が周りにいる人が書いているのだと思う。名称が広まることにより理解が深まる一方で、自称も現れるため、誤解が広まってしまうという弊害がある。

特にＨＳＰは病気というわけではなく、生まれ持った変え難い「気質」という微妙な存在である。よって「拙者、ちょっと当たりがキツいとすぐ来なくなっちゃう侍と申す！　言い方とか十分に気をつけ願いたもうぞ！」と名乗りを挙げた者勝ちということになってしまう。

しかし考えてみてほしい。**自分で自分を「私すごく繊細なんですよ」と言える人が**

繊細だろうか。むしろ巨根すぎるだろう。

ＨＳＰというのは自分だけではなく、他人の感情に対しても敏感で共感力と想像力が強い人なのだ。「私、繊細な人じゃないですか？」と言って他人がどんなツラをするか想像できない人間は、まず繊細ではない。

パワハラ認定されない叱り方

このように自分に対してだけ繊細で、他人に対しては「雑極まりない」を越えて攻撃的な人間のことを「繊細ヤクザ」と呼ぶ。

そういうタイプは結婚発表などに対しても「独身の自分へのあてつけか？」と、自分に対する攻撃とみなし、「傷ついたぞ、どうしてくれる」と賠償を求める当たり屋でもある。

ここまででなくとも、少し注意しただけで落ち込む同僚や、辞めてしまう新人と一緒に働かなければいけない人間は、ある意味繊細な本人よりも気疲れしているのだ。

だが、繊細すぎる部下にパワハラと言われるのを恐れて、言いたいことも言えないポ

イズン状態では仕事にならない。

よって、時には繊細すぎる人間が午後から熱を出して早退してしまわない程度の注意をする必要がある。

繊細な人間というのは、想像力豊かで深読みをしやすいタイプが多い。よって1叱られたら自分の中で2兆叱られたことにしてしまうのだ。注意などをしたら、そこで終わらせず、最後に必ずひと言褒めるなどのフォローを入れた方がよい。

叱るだけだと繊細な人間は「叱

られた」という事実だけを膨らませてしまうが、繊細な方も落ち込むばかりでは辛いのだ。よって、「でも昼休みにやっているソリティアの腕は買っているって最後に言われたしな」と、最終的にフォローのほうに縋《すが》って持ち直す場合も多い。

誰でも叱られる一方では萎縮してしまうし、叱られること自体を恐れてミスを隠すようになってしまう。注意するときは、アフターケアこそが重要であり、相手が繊細なら尚更である。

「めんどくせえ」と思っただろうが、グーグルに「繊細すぎる人」と打つと自動的に「めんどくさい」と出るのだ。グーグル先生もそうおっしゃっているのだから諦めるしかない。

まとめ

面倒くさくても、注意した後はひと言褒めよう

19 「意識高い系」への対処法

本当に意識が高い人は、タダで情報は与えない

何かにつけて「そのやり方は欧米では古い」とか「イマドキ銀行預金なんて情弱しかしてない」などと上から目線で他人を否定し、挙句の果てに「これ面白いから読んでみなよ?」と『THE2○』を差し出してくるウザい奴をどうやり過ごしたらいいか、という話だ。

ちなみに、ウザい意識高い系が出してくる雑誌例を挙げたのは私ではなく担当だ。『THE2○』。初めて聞く名前だが、見るからにウザい。「俺は『○○○○○』とか出

す凡人とは一味違うんで」という、意識高い系なだけでなく、サブカルクソ魂まで透けて見えている。一体、何21なのだろう。絶対近づきたくない。

「意識高い系(笑)」という言葉が広まったせいで「意識が高い」という言葉自体が恥ずかしい物になってしまったが、今、世の中は情報社会である。情報に対し意識が低い人間は得をできないのはもちろん、最悪、大損してしまう可能性すらある。

意識というのは高いに越したことはなく、そういう人間の話を「ハイハイ、意識タカイタカイ(笑)バアっ!」と小バカにするのは、典型的意識低い系の行動である。

しかし、よくわかってもいないのに難しそうな言葉を並べているだけの(笑)側の意識高い系の話を感心して長時間聞くのは、それで食ってない限りは時間の無駄である。

では、**本物の意識高い系と(笑)の違いは何かと言うと、まず本当の意識高い系は聞かれてもないアドバイスはしないはずである。**

自分の持っている情報に本当に価値があると思っているなら、簡単に、それもタダで他人に与えるわけがないだろう。価値がない、もしくは価値を理解していないから、チンパンジーが万札で鼻をかむように、ライバルになるかもしれない職場の人間などに聞かれても、情報をばら撒けるのである。

覚えたての言葉を使いたがる意識高い系(笑)

だが、問題はその聞かれてもいないアドバイスや求めてもいない『ＴＨＥ２○』を出してくる奴にどう対処したらいいのかという点だ。『ＴＨＥ２○』を出された時点で「お返しに」とスピリチュアル雑誌で迎撃するという手もある。これで少なくとも『ＴＨＥ２○』を差し出されるなどという屈辱は味わわなくて済む。

しかし今度は自分が「ヤバいやつ」として認識されてしまう恐れがある。

よって、相手の「心理」を考えよう。なぜ、意識高い系が己の知識や情報を聞かれてもいないのにしゃべりだすかというと、それが「覚えたて」だからだ。

毎月私の家になぜか『ＴＨＥ21』という雑誌が届く。前述の『ＴＨＥ２○』とは別

雑誌だとは思うが、これもなかなか意識が高い内容で、読み終わると今得たばかりの知識を他人に言いたくてたまらなくなるのだ。

サザエさんでも、たまにタラさんが覚えたばかりのちょっと難しい言葉を執拗《しつよう》に使おうとして、家が燃えたりする回があるだろう。家は燃えなかったかもしれないが、そういう話は実際にある。つまり、やたら知識をひけらかそうとする意識高い系のマインドは三歳児と同じなのだ。

そんなタラさんに向かって、ワカメとかが「マジウゼぇ」と言っていただろうか。本当は思っているかもしれないが、表面上はみんな「微笑ましく見守っている」ではないか。

それと同じように、意識高い系が意識高いことを言い出したらイラつくのではなく、三歳児が一生懸命覚えたての言葉を使っている時のように「微笑ましい」気持ちになろう。相手は三歳児ではないので微笑ましく思えないかもしれないが、三歳児ではない故に「体力がない」ので三歳児より早く「飽きてくれる」というメリットがある。

相手がより早く飽きるように、意識高いトークが始まったらひたすら微笑ましい顔をしてやりすごそう。

まとめ

「意識高い系（笑）」は、三歳児のタラさんだと思って見守ろう

20
「エクセルデータ破壊おじさん」の見守り方

「エクセル以前」の職場は、まだたくさんある

今回のテーマは「エクセルデータ破壊おじさん」の対処法である。

だがその前に、ＩＴ知識がない上司の中では、このエクセルデータ破壊おじさんはレベルが高いほうであることを知っておいていただきたい。

新型コロナウイルスの影響で、私の取引先の多くが「出社しないので請求書をＰＤＦで送ってくれ」と言うようになった。逆に言えば、東京にオフィスを構えているよ

うな大きな会社でも、ついこの前まで紙の請求書を郵送で送らせるという風流をやっていたのである。

日本の事務作業が急速にデジタル化し、簡略化したというのは、コロナ禍がもたらした唯一の恩恵と言えるかもしれないが、中には「コロナに負けるな！」という強い意志のもと、未だに「請求書のPDFデータを送るので、プリントアウト後、住所氏名を記入し、押印したものを郵送で送ってください」という、日本の文化を死守しようとする愛国心の強い会社も存在する。

それも87歳の社長と専務(妻)が二人でやっているような会社だけではなく、割と名の知れた会社ですらそんな感じであるため、私が2年余り前に勤めていた地方の中小企業などは99％の請求書が紙であり、うち数％がカーボン紙の心のこもった手書き請求書であった。

しかし、このカーボン紙という「若人《わこうど》にとって未知すぎて逆に新しいアイテム」を使って作られた手書き請求書を笑うことはできない。なぜなら、我が国では「履歴書は手書きの方がやる気が伝わる」という文化がまったく滅んでいないからだ。

そんな会社ならさぞかし「エクセルデータ破壊おじさん」も多いだろうと思うかも

しれないが、はっきり言って皆無である。なぜなら、そういう会社のおじさんは「エクセルに触らない」からだ。エクセル以前に机にＰＣがないのである。

「触らずに念だけでエクセルデータを破壊するおじさん」がいるなら、それはもはやライバル会社に送り込んだ方がいい。

エクセルおじさんは、まだ主体性があって偉い

実際、**エクセルなどで書類を作るのは「自分の仕事ではない」と思っているおじさんは多く、女子社員に書類を作らせ、プリントアウトしたものに赤ペンで指摘し、データを修正させ、またプリントアウトさせる儀式を行っている会社は未だに多い。**

海外ではすでに「骨董品」として博物館に展示されている「ＦＡＸ」が日本では現役なのも、チェックするおじさんが高齢なため、確認して欲しい書類をメールで送ろうにも、アドレスどころか個人用ＰＣすら持っていないケースが多いからでもある。

そういうおじさんは、「ＰＣは部下に操作させるもの」と思っているので、自分で操作する気も覚える気もないのである。

よってまず「エクセルデータ破壊おじさん」は自分でエクセルを操作しようとするだけ偉いと思おう。世の中にはインターネットエクスプローラー以外に触らないまま定年退職するおじさんが山ほどいる。

いわばエクセルデータ破壊おじさんは、料理に興味を持ち始めた小学校低学年の息子みたいなものだ。当然知識がないから、食材を新鮮な生ゴミに変えたり、キッチンを汚しまくったりと、じっとしておいてくれた方がマシな結果になりやすいが、「料理は母親、もしくは将来の嫁がやるものであって自分がすべきことではない」と思い込んでいるよりは、幾分か精神的にはマシである。

そんな息子に対し、「それはお母ちゃんがやるからあんたはもう何もするな」とエクセル仕事を全部やるのがよい母親だろうか。

確かに「そのほうが早いし確実」だが、それは何もできない男を作り、己の仕事を増やす行動である。

相手はおじさんなので、成長するかはわからないが「私がやっておきます」ではなく、塩と砂糖の違いから説明するように、相手にやる気があるのなら「全角英数字を打つな」から教えるのも大事である。

まとめ

やる気があるなら、根気よく教えよう

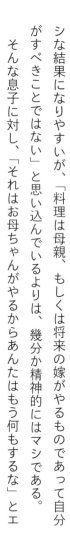

21 「経費精算を催促されてキレる人」の動かし方

事務処理を、「己の仕事」だと思っていない!?

これは某企業の経理部からのタレコミである。企業というより、研究所、そして何ＨＰなのか、というのは読者の想像にお任せするが、これはＰＨＰ研究所だけでなく、どこの企業にも一人はいると言っても過言ではない人間の話である。

それが、「経費精算を催促されてキレる人」だ。キレるまで行くのはレアかもしれないが、精算が遅い奴、というか事務作業全般が遅い奴はどこの会社にも存在する。

業種は数あれど、事務作業が存在しない仕事はない。仕事をすれば請求書を出さなければいけないからだ。そう言いたいところだが、漫画家には請求書というものが存在しない。あるところはあるが、ないところも多く、漫画の原稿を渡せばその時点で原稿料が振り込まれる仕組みになっている。それ故に、ただでさえ社会性がない漫画家から(個人の感想)、「書類を出す」という概念すら失われてしまった。しかし漫画家に「毎月請求書を出す」という高度な作業をさせたら、経理システムが破綻してしまう。

私も数年前まで事務職をしており、この事務作業したくない病たちには手を焼かされてきた。その経験を踏まえ、今では立派な手を焼かせる側として毎月、請求書が必要な会社からは「請求書を出せ」というメールを賜っている。

子育て経験のある年配女性が、必ずしも現役子育て中の母親に優しいとは限らないという構図だ。正直、厳しいまである。※

経費精算など、事務処理をなかなかしない奴の心理というのは、大変申し上げにくいが、それが「己の仕事」と思っていないのだ。

※「正直、厳しいまである」＝「なんなら厳しい場合さえある」の意味。

自分の仕事という認識がなく、事務作業するための時間や体力など全く考慮せずスケジュールを組むのである。そうすると当然、事務作業をする力は残されないので、「経費精算をしろ」と言われると「俺は忙しいんだよ」という逆ギレに繋がる。

私も自分の仕事は「期日までに原稿を出すこと」だと思っている。

ちなみに、クオリティは問わない。

よって、原稿の締め切りだけは覚えている限り守るのだが、逆に言うと、他のことは遅れてもいいと思っており、最悪「やらなくてもいい」とさえ思ってしまう。

そういう考え方なので、請求書を催促されると「俺は原稿を期日までに出し、それで力を使い果たし、内臓も破裂しているのに、なぜそこまでやらなければいけないのか」という逆ギレが起こり、ますますやらなくなってしまうのだ。

損してでも「事務作業をしたくない人」も世の中にはいる

その結果、「マイナンバーを出せ」というお達しを7年ぐらい無視してしまっているが、

これは「マイナンバーを出せ」の後に「さもなくば」という話をしてくる会社がないせいでもある。

つまり、**事務作業をしない奴を動かすには「さもなくば」を用意しなければいけないのである。**

請求書であれば「期日までに出さなければ支払いがひと月遅れる」、経費精算であれば「もう精算できないから自腹」など、やらなければ自分にマイナスがあることを示せば、焦《あせ》ってやらなくはない。

ちなみに、マイナンバーを7

年提出しなくても「さもなくば」の話をしてこないのは、マジで今のところ「さもなくば」がないため「出せ」と言い続けるしかないのだろう。

しかし、世の中にはこれの上をいく「事務作業したら死ぬ病」が存在し、「請求書なしでは支払えない」と言っても出さず、堂々とタダ働きするフリーランスが割といるのだ。それと同じように、経費の精算手続きをするぐらいなら自腹でいいという者も少なからず存在する。

まさに「金を払ってでも事務作業をしたくない」という人間なので「損をするぞ」と脅《おど》しても効果がないため、もはや偉い人に注意してもらうしかない。

厄介《やっかい》なタイプであるが、そういう人間は経費精算だけではなく「面倒くさい」という理由で永遠に損をし続ける厄介な人生を歩んでいる人間でもあるのだ。

まとめ

魔法の言葉「さもなくば」を用意しておこう

22

「話し好きのオバチャン」に廊下でつかまったら

「無冠の帝王」を敵に回してはいけない

あまり「オバチャン」と限定してしまうと「女性は話が長い」と言って国際的に燃えてしまった偉い人みたいになるので、あまり断言はできないが、社内ゴシップ好きと言えば会社の古株、そして人を長く引き留めるにはそれなりの地位が必要なので、やはり中高年以上の方が話が長くなりがちである。

そう言いたいところだが「彼ピの話が異様に長い新人」などの新星もいないこともないので、やはり年齢性別で言い切ることはできない。

おそらく「話し好きのオバチャン（事務職）」というのは概念である。

会社には「決して会社内での地位は高くないが、ないがしろにできない人」というのがいるのだ。

役職的には「パート」だったりするのだが、在籍期間が誰よりも長く、下手をすれば「社長と同期」だったりするため、社内のことは誰よりも把握しており、その人に教えてもらえなくなったら詰む、という人がたまに存在するのだ。

そういう無冠の帝王ほど「私はパートだから」とよく言う。これは謙遜ではなく「正社員ではないからどうとでも出れる」という意味である。もし高い地位や高い給料をもらっていたら、それを脅かされないために「守り」に入ってしまうと思う。

しかし帝王は地位がない、あるとすれば「終身名誉時給」だけである。

つまり、失って特に惜しいものはないので誰よりも「言いたいことは言う、我慢できないことは我慢しない」のだ。

そういうある意味「無敵の人」を敵に回してもいいことはない。

しかし、相手はパートである、嫌われたら面倒だが、好かれてもうま味が大してないし、下手に好かれてしまったが故の面倒も当然あるだろう。

「社長の腰ぎんちゃく」ならまだわかるが「パートのババアの腰ぎんちゃく」というのは何を目指しているのかさえ不明である。

「嫌われないが、好かれもしない」戦略

つまりこういうタイプには「嫌われはしないが、好かれもしない」のが一番無難である。「好きでもないが、嫌いでもない」というのは約して「どうでもいい人」さらに約すと「つまんねー奴」である。

話好きのオバチャン（概念）とて人間である。黙って話を聞いてくれれば木の根っこでもイイとは思っていないはずだ。

もちろん「相手に木の根っことしか思われてない」というのは人間関係においてよくあることだが、相手もどうせ話をするなら、楽しく話せる木の根っこの方がいいと思っているはずである。

話をしていて楽しいのはどんなタイプかというと「話が合う」「自分の意見を肯定してくれる」そして「リアクションがいい」である。

よって、まずオバチャン（イマジナリー）がどんな話を特に好んでいるかを把握し、その話にはあまり乗らないのが大事である。

また、相手の言うことにむやみやたらに「それなー！」と言ってはいけない。かといって否定をすると嫌われる可能性があるので、肯定も否定もしない、全て「はあ」など、覇気も話に対する興味も感じられないリアクションをするのが好ましい。「ギャグをギャグとして理解しない」など「要領を得ない奴」になるのもお勧めである。それだと「ボンクラ」だと思われるのでは、と思うかもしれないが、それでいいのだ。**嫌われたくもなければ好かれたくもない相手に対しては「ちょっと舐められている」ぐらいが一番面倒がないのである。**

私は「演じずともボンクラ」だったため、そのようなタイプに好かれたこともなければ嫌われたこともない。

ただ若干「かわいそうなものを見る目」で見られるが、それに耐えられるならこれが一番である。

まとめ

覇気もなく、要領も得ないリアクションを！

23 不機嫌をまき散らす配偶者の対処法

配偶者に家事を押しつけ、「桃鉄」していないか

二度目の緊急事態宣言が出されていることにより[※]、再び、もしくは引き続き在宅勤務をしている者も多いだろう。

しかし、休校にはなっていないし、人々の警戒心も明らかに薄れている。やはり映画と同じでパートⅠが盛り上がったからといってパートⅡもウケるとは限らないのだ。

イマイチ伸び悩んでいるⅡと違い、空前の大ヒットとなった「緊急事態宣言Ⅰ」は

※本稿は2021年2月時点に執筆いたしました。

文字通り社会現象となり、我々の生活に様々な影響を及ぼし、新語も多く生まれた。「コロナ離婚」もその一つである。コロナ側からすると「どさくさに紛れてお前らの家庭崩壊を俺たちのせいにするな」といった感じだろうが、コロナによる失職で経済的な問題が起こったり、外出自粛で一日中家族が家にいるという苛立ちから不和になった家庭は少なくないようである。

そんなわけで今回のテーマは「不機嫌をまき散らす配偶者の対処法」である。

会社でも、不機嫌をまき散らし、周囲にご機嫌取りを要求する「赤さん」としか言えないような人はいる。しかし、分別のある者なら、いつものランチにチーズ蒸しパンをプラスするなどして、自分の機嫌は自分で取るものだ。

だが、家族、特に夫婦というのは「恋愛」という赤ちゃんプレイを経ている場合が多いため、人前では我慢している不機嫌を盛大に漏らしてしまっている場合が多い。

特に緊急事態宣言Ⅰの時は休校も相まって、子どもの世話とリモートワークの両立によるイライラで、どれだけ強靭《きょうじん》な心の膀胱《ぼうこう》の持ち主でも漏らさずにいられない状況であった。恋人相手ならヨシヨシする気になるかもしれないが、夫婦ともなれば、相手の不機嫌に不機嫌で返してケンカになることも珍しくないし、不機嫌な人間はいるだけで家の空気が悪くなる。

配偶者の不機嫌の対処法だが、不機嫌の理由が自分にあるなら、まずそれを改善した方がいい。配偶者に子どもの世話と家事をやらせて、自分は仕事する振りをして「桃鉄」をしていないだろうか。

気遣いのつもりが、火に油を注いでいた!?

不機嫌の原因が自分にない場合は、正直「ほっとく」しかない。

話は全く変わるが、前に女性の生理による不機嫌に対し、男性はどうするべきかという記事を読んだ。

結論だけ言うと「ある程度気遣ったらあとはほっとけ」らしい。

なぜなら、生理中の女性はかなり理不尽な生き物になっているため、どれだけ優しい言葉をかけても届かず、ゴリラのようにウンコという名の暴言を投げ返される時もあるからだ。

せっかく気遣ったのにウンコを投げられたら誰だっていい気はしない。結局それが不和やケンカの原因になるので、「視界から消える」のが一番な場合も多いそうだ。

つまり、生理と同じく、**相手の不機嫌が自分のせいではなく、かつ自分の力ではどうにもならないものであったら、相手が落ち着くまで「消える」のが一番であり、むしろ自分の存在が、相手のクールダウンを妨げている場合もあるのだ。**

ただし、消えるといっても「子

どもと家事を残してパチンコに消える」とかは逆効果である。子どもは連れて出る、もしくは自分が子どもと家に残り、相手を数時間、外に放流するなど「気遣い」はやはり大事である。

最近はリモートワークが出来る施設なども増えているようだ。漫画家も喫茶店や編集部にわざわざ行って仕事をすることがある。

私も最初は「家でやればいいのに。それとも漫画家は基本的に家がないのか」と思っていたが、家には様々な娯楽、何よりオフトゥンがあるため、全く仕事に適していないのだ。「仕事環境への投資」を惜しんで仕事が進まず、家庭不和になったら、そちらの方が赤字である。

ただし、環境へ投資といっても、高い椅子やオーディオを無断で買うと、新しい不和を生む場合もあるので気をつけよう。

まとめ

配偶者の不機嫌を察知したら即刻「視界から消えよう」

第4章

荒ぶる職場のサバイバル術

24 時代遅れな社内慣習の終わらせ方

真っ赤なピンヒールでラジオ体操する女性

私が前にいた会社は毎朝ラジオ体操後に朝礼をやるような地方の中小企業だったのだが、そこまで規則が厳しいわけではなく、制服はあったが頭髪や靴などに特に制限はなかった。その結果、50代女性が真っ赤なピンヒールでラジオ体操を第二までこなすという前衛的な光景が繰り広げられることとなった。

これは最高に「自由」という感じで非常にいいのだが、世の中には逆に女性にヒールのある靴の着用を義務づける企業もある。

パンプスやヒールの高い靴は歩くだけでも足に大きな負担がある。だったらそんなものを履いてラジオ体操なんて正気じゃないと思うだろうが「オシャレは我慢」というように、ヒールを履いている人はオシャレのために足の痛さは我慢しているのである。まるで優雅に泳ぐ白鳥が水面下で激しく足をバタつかせているように、足の痛みに耐えながら真っ赤なピンヒールで喜びに胸を開いているのである。

しかし、その我慢を強要するのはおかしい。業務に靴のかかとが関係あるかというと「お客様を踏む簡単なお仕事」など、ごく一部の特殊な現場以外ないと思う。おそらく「そう決められているから」以外の理由はないと思われ、無意味で理不尽ですらあるのだが、その習慣は長らく変わることがなかった。

だが数年前「やっぱりおかしいぜ」ということで職場でのヒール強要の撤廃を求める「KuToo運動」が広がり、実際ヒール義務を取り下げた企業もあるようだ。

しかし、「なんでヒールじゃないとダメなんだ」という意見は今になって突然現れたわけではなく、昔からあったのだ。今までうやむやか黙殺されてきたのである。

それがなぜ今回通ったかというと、世相もあると思うが、運動自体が大規模になり注目を集めたからと思われる。

「ＫｕＴｏｏ」はＳＮＳで大きく広がった運動である。ご存じのようにＳＮＳは「拡散力」が凄まじく、何の気なしに載せた女体に見える大根の画像が、瞬時に全世界に羽ばたいてしまうかもしれないツールなのだ。

「面倒ごとを起こすな」という圧力

要望というのはそれを言っている人間の数が多ければ「無視できない意見」になるが、１人だったらどんなに正しいことを言っていても「決められていることに文句をつける奴」つまり、意見ではなくただの「わがまま」と捉えられてしまうのである。

つまり、時代遅れの社内習慣を１人で終わらせるというのは社長、もしくは魔王とかでなければ無理なのである。

よって、意見を同じくする同志は不可欠なのだが、もちろん賛同を得られない場合もあるし、最悪「勝手に盛り上がってる奴」として孤立してしまう恐れもある。

古くて面倒な因習をなくしたくない奴なんていないだろうと思うかもしれないが、会社を潰すにもいろいろ手続きがあったり、離婚は結婚の3倍大変だったりと「何かをやめる」というのも意外に面倒であり、さらに「新しいことを始める」となったら面倒臭さ倍プッシュであり、特に向上心もなく惰性で仕事をしている人間からすれば「面倒ごとを起こさないでくれ」だったりするのだ。

よってまず古い習慣を終わら

せたかったら、同じ考えを持つ人間を集めて個人の意見ではなく「社員一同の要望」にしなければならない。
もし賛同が得られず、冷ややかな目で見られたら、その会社は惰性で仕事をしている人間の集まりなので、古い習慣をなくしたい気概を持つ人には相応《ふさわ》しくないだろう。会社を変えるより、所属する会社自体を変えた方が手っ取り早い気がする。

しかし、面倒だから賛同を得られないのではなく「ブラジャーもヒールと同じく身体を締めつけ負担を与えるものだから撤廃すべき」など、本気で賛同を得られないことを言ってしまっているという可能性もある。
自分の意見は果たして口に出していいものなのか、会社で言う前にそれこそSNSとかで聞いてみた方がいい。

まとめ

同志を集めて、社員の要望にしよう

25

「無駄な会議」の過ごし方

文明の利器を使って無駄な会議を生み出す愚

コロナウイルスが出現してよかったと言える点があるとしたら、第一位はぶっちぎりの「義実家に帰省しなくてよくなった」であり、二位はそこから二億馬身差離されているためよく見えないが、おそらく「いらない会議がなくなった」だと思われる。

コロナウイルスの蔓延《まんえん》により「三密」は避けるようにと政府からお達しが出された。すでに「三密」という言葉自体かなり腐りかけていることに驚愕《きょうがく》するが、「大人数で密室にみだりに集まるんじゃない」ということである。

その結果、今まで開催されていた会議のほとんどがみだりに集まっていたことが判明した次第である。

よって多くの会議が中止、または少数精鋭で行われるようになり、日本は近代化の一歩を踏み出すこととなった――。のもつかのま、今度はZoomなどの文明の力を用いてみだりに集会を開くようになった。

日本の夜明けはまだ遠い。


さらにコロナ禍で会議出席者が減ったと言っても安心できない。参加しない奴は「資料を出せ」と言われる恐れがあるからだ。

私は会社員時代、会議に出席しなければいけない立場になったことは一度もないが、「資料作り」にある意味、会議よりも長い時間を費やした。

もちろん、パソコンが使えないエライ人の資料を作るだけなのだが、エライ人の要望はこちらのエクセル技術を凌駕《りょうが》していることが多く、表計算ソフトに数字を手打ちしたり、果ては表の「画像」を貼りつけるよう命じられた。

当然、エライ人に渡す時は「紙」なので、それがどう作られているのかはあまり関係ない。こうやってオフィスに脈々と受け継がれる壊れたエクセルクソデータは誕生するのだ。

無駄な会議の過ごし方だが、ネットの調べによると会議中に約40%の人間が「内職」をしているという。

思ったより多い、というか多すぎる。会議室で神妙なツラをしている人間の約半分が他の仕事をしたり、資料の中に淫語がないか探したり、ヘルシェイク矢野のことを考えているということだ。もしかしたら「別の仕事がはかどる」という意味で、会議は無駄ではないのかもしれない。

つまり、会議中は「どれだけ淫語を探さず別の仕事を進めるか」が重要になってくる。

なぜ、目的不在の会議が開かれるのか？

「会議を有意義なものにする」という考え方もあるが、これは時と場合による。

もし「有意義なものにしたい！」と思っているのが自分一人だったら、それは「会議を無駄に引き延ばす厄介な人」以外の何者でもない。

そういう時は「いかに会議を定刻通りに終わらせるか」を考えた方がいい。

もし、皆が有意義にしたいと思っているなら、まず「会議の目的」をはっきりさせるべきだという。

当たり前だと思うかもしれないが、これがないケースが意外と多く、強いて言うなら「この時間に集まるのが目的」という会議が、今も各地で行われている。

また目的が決まったら、それに関係がある人間だけを集めるべきだという。

関係ない人間を混ぜているだけでも無駄だが、参加している以上関係ない奴が意見を求められても会議時間は延びるばかりだ。

そもそもなぜ「会議」が頻繁に開かれてしまうのかというと、上司や社長が「状況を一気に把握したいから」だそうだ。つまり、個別で報告を聞くのがダルイから会議という形でいっぺんに済ませようとしているのである。

会議を開きたくなる側の気持ちもわかる人もいるという。そうでもしないと、皆が何をやっているのかさっぱりわからなくて「不安」なのだそうだ。

上司にどうでもいいことまで逐一報告。これが会議を減らす近道かもしれない。

まとめ

会議を減らす近道は上司への頻繁な報告

26

誰得!? クソビジネスマナー問題

クソビジネスマナーは、どうやって生まれるのか?

コロナウイルスの影響で「リモートワーク」が急速に広がり3カ月ぐらい経ったが、わずか3カ月のうちに「リモート悪口」「リモートセクハラ」など、リアルで起きているオフィス問題をリモートでも完全再現に成功しているという。

道具を悪い方向に使うことに関してはやはり人間は他の追随を許さない。人類様の本領発揮といったところだ。

そしてもちろん「クソビジネスマナー」も、悪口やセクハラ如きに後れを取ってなるものかとリモート界に進出してきており、早速「上司より先に通信を切ってはいけない」など、円滑な業務をザラつかせにかかっている。

普通、礼儀作法やルールというのは、最初に話し合って決めるか、やっていく中で暗黙の了解として自然に出来ていくものだが、当然リモートワークマナーを協議して決めるなんてことはないし、リモートワーク自体広まってからわずかである。

つまり、リモートワークマナーはほとんど根拠なく誰かが勝手に決めた、と言っていいだろう。

「柴犬肛門鑑定士」と名乗る人が「リモートワークの時は、相手が目線を定めやすいよう、あえて乳首が浮く服装をしましょう」と言っても誰も信じないが、現在はネットで「ビジネスマナー総書記」みたいな肩書きの人が「先に通話を切るのは失礼」などもっともらしいことを言ったら、それがすぐに真実のように広まってしまう。

しかし、**ルールというのは増えれば増えるほどそれを守るための時間が浪費されるため、そういう新しい決まりを作ろうとする人間は「失礼クリエイター」「迷惑製造機」などと言われている。**

もちろん、マナーがすべて無意味というわけではない。「敬語で話す」「3回目の取引までキスは待て」などの最低限のマナーは必要だ。

著しく合理性を欠いたマナーは終わりにしよう

では、どのビジネスマナーは守り、どのマナーは守る必要がないかを見極めるにはどうしたらよいか、というと、第一に「相手に不利益を与えていないか」だ。

信じられないが、「よかれと思って相手に害を与えているマナー」というのが割とあるのである。

たとえば、取引先に行った時、「相手に3回勧められるまで座ってはいけない」というマナーがある。しかし、応対した者にとって「相手が立ちっぱなしで待っている」というのはすごく気になることなのだ。

まるで自分が立たせているようだし、「座ってお待ちください」すら言えない気の利かない奴だと他の社員に思われ、「座って待てと言えよ」という視線が痛い。よって、「座ってお待ちください」と言っているのに、それを拒否されるのはきつい。

このように、気を遣ったつもりで、相手に余計気や時間を使わせているマナーというのは意外と多い。

よって、まず「本当に相手のためになっているか」がマナーを守るか否かの判断ポイントだ。時間や手間をかけて己の誠意を見せるより、いかに相手に時間を使わせないか考えるのもマナーである。

次に「意味不明でないか」が重要だ。「お辞儀は四十五度」というマナーにも「同時発射された実弾２発をちょうどかわせる角度」という理由があるのかもしれないが、あまりビジネスで実弾が2発同時に撃たれる場面はないだろう。

そのマナーに根拠はあるのか、その根拠が納得いくものなのかを考え、納得いかないなら守る意味も低い。

また、どれだけ根拠があっても、著しく時間と合理性を奪うものは思い切って終わりにした方がいいのではないか。ビジネスはとにかく「合理化」が重要である。そんなビジネスのタマを「ビジネスマナー」が奪うというのはもはや「反逆」と言っていい。

今一度、マナーとは誰のために、何のためにあるか、考えてみるべきだ。よくよく考えれば、「全員損している」というマナーが結構見つかるものである。

まとめ

そのマナーは相手のためか、本当に必要か、考えてみよう

27 アナログな職場でうまくやる方法

一周回って新しいアナログ文化

日本は自称先進国の中ではオフィスのデジタル化、ペーパレス化が極めて遅れた国である。

最近でも政府が医療機関にコロナウイルスに関する報告書を「ファックス」で送るように指示し、世界中をドッカンドッカンさせた件は記憶に新しい。

経済的にも技術的にも他国に後れを取りつつある日本だが、ギャグセンスだけは未だに世界の最先端ということを世の中に知らしめることができた、というのは数少ないコロナ禍で起こってよかったことの一つだ。

しかし、そんな日本が世界に誇る紙フェチ文化を急激に衰退させたのも、コロナ禍というのが皮肉な話である。

ご存じの通り、コロナウイルスの影響で業務はリモート化を余儀なくされた。流石《さすが》のわが国でも社員一人一人にファックスを支給して業務に当たらせるという、気合いの入った企業はなかったようだ。

それでも「ハンコ」を押した押さない、で揉める大和魂《やまとだましい》を見せつけたが、やはりコロナ前と現在では大幅に業務はデジタル化、そしてペーパレス化された。

そう言いたいところだが、先日のオリンピックでNHKが選手への応援メッセージをまたもや「ファックス」で募集したことが注目を集めてしまっていた。だが、その時は失笑ではなく一周回って「逆に新しい」みたいな捉え方をされたそうだ。

アナログな職場は、貴重な歴史博物館！

よく考えれば相撲とか歌舞伎なども全部「古い物」である。相撲を取るよりも銃撃した方が早いし、何より服を着た方がいい。歌舞伎は逆に動きづらそうだし、ビジネスシーンであんな喋り方をしていたら、まとまるものもまとまらない。しかし、それらが「古臭いもの」ではなく「伝統芸能」として受け入れられ、守られているのは、時代の流れや技術の進化に左右されない「文化」として捉えられているからである。

つまり、我が国のファックスも「日本の文化」であると考えればいい。文化に時代遅れもクソもない。そうなればファックスを撤廃しろと言うのは、「ピラミッドを壊してタワマン建てようぜ」と言っているようなものになる。

もしくはファックスは、「紙」を崇《あが》める「信仰」であると思えばいい。信仰であればバカにする方が間違っているのだ。刑務所の中ですら信仰の自由が認められているのだから、オフィスでそれがダメな理由がない。

つまり、未だに帳簿を手書き、データを出力してファックス、入っているソフトはアップデートされていない「一太郎」な職場を古くて恥ずかしいと思っている人は、日本の文化を恥じているのと同じなので、その考えこそ恥じた方がいい。

よって、アナログな職場で働いている人は、逆に伝統文化を守るものとしての誇り

を持ってほしい。業務内容的には歴史博物館で働いている人と同じである。
これで今回のテーマに関するアンサーは完璧だと思うが、残念ながら侘び寂びを理解できない人もいると思うし、オフィスは伝統よりも合理化だという方も多いとは思う。しかし、ファッションとかであれば一人だけ最先端で、周りとかぶらない方がカッコいいのだが、オフィスツールというのはそうではない。
ファックスなんか投げ捨てて業務を完全ペーパレス化する提

案は一見いいように聞こえるが、周囲からすると「突然面倒なことを言い出した奴」と思われる可能性がある。というか「1カ月以内に中央省庁でのファックス原則撤廃」と言った河野太郎ですらそういう扱いになってきた。

つまり、面倒がないように職場をデジタル化し、それを人間が使いこなすまでが面倒であり、時間もコストもかかるため「簡単にデジタル化しようという奴」というのは現場では嫌われるのだ。

何事もすぐは変われない。しかしファックスとて縄文時代からあったわけではなく郵送もしくは持参からファックスに切りかわった瞬間が過去にあったのだ。

すぐには変われないがいつかは変わる。それが自分の存命中にくるとは限らないが、今は文化遺産を守りながらその日を待とう。

まとめ

何事もすぐには変わらない。ゆっくり、変わる日を待とう

28

静かすぎる！殺伐とした職場を生き残れ！

殺伐とするのは、余裕がないから

私個人としては、揃いのバンダナとTシャツを着た若者がダブルピースをしている「アットホームな職場」の方がキツイ。

まず「殺伐とした職場」には二種類ある。一つ目は、思いやりと愛想を母の子宮どころか親父のキンタマに忘れて生まれて来てしまった「殺伐とした人」が集まってしまった職場、そして二つ目は人を「殺伐」に変えてしまう職場である。

前者はある意味諦めがつきやすい。この人たちが忘れてしまった思いやりと愛想を取り戻しに、親父のキンタマに飛ぶわけにはいかないし、左玉に飛んだら「右だった」ということもある。

そんな手間をかけるよりは、こういう人たち、こういう職場なんだと割り切って、ほがらかな関係は他に求めた方がいい。

後者の「人を殺伐とさせる職場」だが「人をダメにするソファ」のように、椅子にトゲがついているわけではない。殺伐とさせる職場とは「余裕のない職場」である。

そもそも他人に対する優しさや思いやりは余裕から生まれるものである。自分に余裕がないのに他人に優しくする人は、凡人であれば自分が先に潰れるし、そうでなければただのブッダなので、どちらにしても会社員には向いていない。

つまりそういう職場は「他人に気を遣っていたら自分が死ぬ職場」であり、基本的に忙しいか、ノルマなどが異常に厳しい職場である。

常にギリギリなため、一人のちょっとしたミスが致命傷になってしまい、余裕のある職場なら「そのぐらい大丈夫」で済むものが、「つなってんってめっ」と「どうなってんだてめえ」も言えないほど余裕のない罵倒で返ってきたりする。

殺伐とした職場なら、己の殺伐さが目立たない

だがそういう職場は「輩《やから》が揃った」というわけではなく、元々優しかった人たちが余裕を奪われ輩になった、というパターンが多いため、職場に余裕が生まれれば、元の優しかった人に戻るという童話的展開が期待できなくもない。

よって、職場の人と協力し、現在のブラックな体制を変える方法があるが、何せ皆さん殺伐としていらっしゃるため「徒党を組んで現状を打破しよう」と言っても「この忙しい時に何を」と言われる可能性が高く、運よく協力を仰げても、その方法が「社長室を占拠して要望を通す」という初代金八戦法になる可能性が高い。

よって、元々殺伐な人が集まっている職場同様「そういう職場と思って割り切るしかない」となってくるのだが、それはあまりお勧めできない。

なぜなら「人を殺伐とさせる職場」ということは、自分もそこに滞在しつづけるこ

とで、殺伐としてしまっている可能性が高いからである。

むしろそういう職場でサバイブしようと思えば思うほど、他人のミスに血相を変えて怒り、面倒ごとになると忍《しのび》のように気配を消す、殺伐というより狭量で小狡い人間と化してしまうのだ。

それも会社を出た途端、元に戻れればよいが、殺伐を家庭に持ち込み家の空気までナイフみたいに尖らせることもあるし、最悪「人相」が変わる場合がある。冷静に考えて「人の人格や顔つきを変えてしまう職場」は普通ではない。普通ではない場所で生き抜こうとしたり、まして変えようとするより「普通の職場」を探した方が早い。

ただし殺伐とした職場には「己の殺伐が目立たない」という利点もある。

思いやりをキンタマに忘れてきた人間が下手にアットホームな職場に入ってしまうと「地域の結びつきが強い」ことが売りの田舎で村八分になるぐらい、却ってヤバいことになってしまう。

結局、職場というのは自分に合っているか否かだ。殺伐としたくない人は殺伐とした職場はさっさと辞めた方がいいし、殺伐とした人間は殺伐とした人間の集まる殺伐とした職場で、お互い目も合わさず仕事をした方が、ダブルピースを強要する職場より長続きしたりするものである。

まとめ

人相が変わってしまう職場は、とっとと辞めよう

29 ちゃぶ台返しするクライアントとの接し方

出版社の方針に踊らされる漫画家の悲哀

私は会社員時代、クライアントとやりあうような仕事をしたことはなく、社員とクライアントの間に茶色く濁った豆の搾り汁を運ぶのが主な仕事であった。

私にそういう仕事をさせたら、クライアントが何を言っても「はい」と「大丈夫です」の二語しか発さず、早々に私の席には花かペッパー氏が置かれることになったと思う。

ペッパー氏は明らかに私より語彙が豊富なので、「マジでおっしゃっているのですか？」ぐらいは言えるだろうし、いざとなったら右手がドリルに変形するはずである。

しかし、作家と出版社というのも、ある意味、業者とクライアントであり、立場的にはクライアントの方がお客様で、上なはずである。

しかし、出版業界というのは少し特殊であり、お客様であるはずの、東大、慶應出身が当たり前の出版社の社員が、田舎の元ヤン、もしくはキモオタを「先生」と呼ぶ、不健全極まりない世界観なのだ。


しかし、先生などとおだてられる分、内情は苛酷であり、ちゃぶ台返しも「それ、ちゃぶ台じゃなくて俺の頭皮だよ」というレベルで行われたりする。

一番一般的なのは、決まっていた連載が、方針が変わったとか編集長が変わったとかでなかったことにされるやつである。


「実は俺も何もやってなかった」というなら逆に命拾いだが、連載までに何カ月もかけて何百枚とネームを描き、何だったらもう原稿を描き始めているという段階で「なし」が来るケースもあるのだ。

そして、今まで使った準備期間に対する支払いは基本的にゼロであり、それが「普通」としてまかり通っているのが漫画業界である。

一説によると「死ぬほどゴネる」をやれば、準備期間に対する支払いが発生することもあるらしいが、それはもはや「手切れ金」であり、もうそこからは二度と仕事がないだろうし、鬼ゴネ作家というイメージがつくと、他でも仕事がしづらくなっているため、多くの作家が泣き寝入りしているという状態である。

だが、最近はそういう理不尽な目にあったら、SNSに暴露したり、わざわざ漫画にして載せたりするのである。こういうことのためなら漫画家は喜んで漫画をタダで描く。

これはもちろん出版社側にとっては困った行為である。

山賊編集者には正当防衛で闘え！

なぜクライアント（出版社）に対してそんなことが出来てしまうかというと、まず「そ

れがヤバいことだと判断できないから漫画家なんかになってしまった」からだ。

　そして、相手のちゃぶ台返しにより、時間も労力も無駄に使った、つまり「損失」を出しているからである。

　確かにクライアントには気を遣わなければいけないし、ある程度の無理を聞く必要もある。しかし、クライアントというのは、こちらに利益をもたらす、もしくはもたらす可能性を持ったものである。

つまり、利益をもたらしてくれない相手はクライアントですらないのだ。まして不利益を与えてくる編集など山賊でしかない。やらなきゃこっちがやられるので正当防衛である。

一般企業でも同様であり、利益が見込める内はちゃぶ台返しにもある程度つきあうべきだろうが「うま味がねえ」となったら、素直にその旨を伝えて無理だというべきだろう。

あと、いきなり方針を変えてくるクライアントというのは「こんなのパソコンでやれば3秒だろう」という「パソコン何でもできる教の信者」の可能性がある。

よって「これはパソコンでもすぐできることではない」と説明すると「そうなん？」と納得する場合もあるので、ダメ元で言ってみることをお勧めする。

まとめ

ゴネる、ダメ元の説得で、聞いてくれる場合もある

第5章

壊れる前に「メンタルを守ろう」

30

デキる同期に嫉妬し、自己肯定感が下がったら

いつまで経っても幸せになれない仕組み

私に言わせれば「同期」と比べている時点でまだ青い。後から入社してきた後輩や、学生バイトに嫉妬し始めてからが本番である。

こういった「他人と比べて凹む」という性質《タチ》に生まれてしまった場合、結論から言えば「一生凹み続ける、慈悲はない」である。

こういうタイプは仮に自分にそこそこ能力があり、恵まれた立場にあっても常に「自分より上」に目が行ってしまい、それと比べるため、自己肯定感は一向に上がらず劣

等感だけが「絶滅するとか嘘やろ」というレベルでウナギ登りになっていく。

そこから脱するには自分がトップに立つしかないのだが、それが出来れば苦労はないし、仮に出来たとしても「貧しくても幸せな家庭を築いている奴」など、別ベクトルで自分と他人を比べだすに決まっているのだ。つまり「何をやっても幸せにならない」のが「他人と自分比べニキ」もしくはネキの人生である。

現時点で何をやっても幸せになっていない私が言うのだから間違いがない。

しかし「何をやっても無駄」というのは、絶望でもあるが、ある意味希望でもある。なぜなら、何をやっても無駄ということは「他人と比べても無駄」でもあるからだ。

同僚に嫉妬し、呪詛《じゅそ》を唱えることで、仮に同僚の身体に青紫色の斑点ができて長期休職を余儀なくされたとしても、次は別の出来る同期や後輩に嫉妬することになるだけだ。

仮に嫉妬する相手全員を呪詛で葬れたとしたら、まず会社員を辞めて陰陽師《おんみょうじ》とかに転職すべきだとは思うが、いくら出来る人間が失脚しても、自分が出来る人間になっていなければ永遠に評価されることはない。

また努力の末に、同僚よりも結果を出したとしても、やめ時を逃がした少年漫画のように、次の目の上のガングリオンが現れるに決まっている。

そういうキリがない状態になると、虚しくなってしまい、同僚に勝つためにした努力すら無駄に思えてしまう。確かに無駄なのだが、ただそれは努力が無駄だったのではなく、比べたことが無駄だったのだ。

自己肯定感を上げるのも下げるのも「自分」

このように、何かと比較してすぐ不幸になる人は、自分が何をやっても無駄な人間だという自覚を持ち「比べることも無駄」だと早く気づくことが重要である。

ネガティブすぎると思うかもしれないが、これは「ポジティブな諦め」なのだ。

何をしても無駄だとわかれば「他人に嫉妬」などという、無駄なうえに自己肯定感が下がることなどやめて、「家にある生ハムの原木のことを考える」など、同じ無駄でも楽しい無駄の方に目が行くようになる。

また全てが無駄なら、他人も同じ「無駄空間」に生きているということである。

「嫉妬」というのは「あいつの方が実力があって悔しい」といった真っ当な嫉妬は稀であり、「上司のウケがいい」「おいしいところだけ持って行く」「枕」など「楽をしていてずるい」という、相手の努力を完全否定したやっかみがほとんどだったりする。

だが、全て無駄と思えば「あいつ、全部無駄なのにあんなに頑張って……」という相手に対する余裕と優しさが生まれ、「まあ、あんなに頑張っているなら負けてもしょうがない」と、相手の努力を素直に認め、「俺はこんな無駄空間であんなに頑張れないから、帰って生ハムの原木とよろしくやらせてもらう」という、前向きな諦め、そして、それよりもっと楽しいことに目を向けようという気になってくる。

「自己肯定感」というのは文字通り、理由は他人にあっても、上げるのも下げるのも常に「自己」である。

これだけ自力ではどうにもならないことが多い世の中において、自己で上げ下げができるものなど自分の部屋のエアコンぐらいのものだ。

せめてこのぐらい自分でコントロールできるように、日頃から思考訓練しておこう。

まとめ

ポジティブに諦め、「楽しい無駄」に目を向けよう

31 「ノルマ達成のプレッシャー」とのつきあい方

「ノルマの意味」を考え直してみよう

どれだけ仕事をがんばっても結局固定給だからモチベーションが上がらない人もいると思う。

だが逆に言えば、『進撃の巨人』ばりに何の成果も挙げられなくてもそこに存在するだけで給料がもらえるのが固定給のいいところであり「やらなければ餓死」のフリーランスよりは遥かに生きやすいと思う。

だが、がんばろうが、がんばるまいが対価が同じシステムだと、能力がある人間はもっと自分を評価してくれる場所に行ってしまう。

その結果、「存在料」をかすめ盗るだけの給料窃盗団だけが残ってしまい、当然そのような会社に先はない。それを防ぐためにあるのが「ノルマ」である。

そんなわけで今回のテーマは「ノルマ達成のプレッシャーとのつきあい方」だ。我々漫画家にも本の売上というノルマがあり、それが達成できないと連載終了、つまり実質無職というペナルティが課せられる。

その点、会社員はノルマ未達成でも即刻クビにはならないと思うので、まずは「漫画家よりはマシ」と思ってリラックスしてほしい。

しかし、ノルマが存在することにより、それが未達成であると、会社に貢献できていない、つまり給料窃盗団の一員ということが周囲に可視化されてしまうし、その件で上司に2時間詰められるなど、会社にとってはさらなる人件費の無駄、そして本人にとってはストレスが発生する。

そのような状態で、「いるだけで給料をもらえるから居座る」を貫けるのは、給料窃盗団のドンぐらいの精神力がないと難しい。むしろそこまで強い心を持っているのに、なぜ仕事ができないのか不思議なぐらいだ。

ノルマが達成できないことで所在がなくなり自己都合退職、最悪メンのヘルを患って退職という人も少なくないだろう。そうならないためにまず「ノルマ」が何のためにあり、そして何のために仕事をしているのかを見失わないでほしい。

恐怖で支配するノルマなんて捨てていい！

ノルマというのは目標を設定することにより、社員のやる気と能力を伸ばすためのもののはずだ。だが**ノルマを達成しようとしている動機が「ノルマ未達成により怒られたくない」になると、やる気も能力も伸びず、ただ仕事が苦痛になってしまう。**

また動機がそれだと「ノルマさえ達成できればいい」という発想になってしまい、自ら契約したり商品を買うなどの「自爆営業」に走ることになってしまう。

実は私の配偶者は保険関係の仕事をしていて、まさにノルマ達成のために自ら保険

に入りまくり、私にも、もはや死んだ方が儲かるレベルの保険がかかっている。

私は常に怒られる側なのだが、配偶者が「別のことに使うお金を無断で保険に使っていた」と判明した時は、初めて私の方が大激怒した。

貴重な怒る権利をいただけたことを感謝すべきかもしれないが、ノルマ達成のために生活が苦しくなり、さらに家庭が崩壊しそうになっているのである。

つまり、ノルマが達成できないと仕事を失い、生活や家庭が崩壊する心配をしているのかもしれないが、その前にノルマを達成するために生活と家庭を崩壊させているのである。その矛盾に気づけず、とにかく目の前にあるノルマを達成しようとしている状態になったら、少なくともメンタルはすでに崩壊している。

また、厳しいノルマをクリアするために社員が契約書偽造など不正行為をして会社全体のイメージを著しく下げた例もある。このように、社員そして会社を潰しかねないノルマを課す自殺願望のある会社にいたら、心中になるのは当然である。

まとめ

「生活と家庭を壊していないか？」もう一度、見直してみよう

よって、ノルマを課せられたらそれが達成可能なものか、そして何のためにそのノルマに挑むのかを考えてほしい。あくまで仕事はプラスのためにやることであり、マイナスになるようなノルマなら達成しようと思わない方がいい。ノルマのために崩壊しかかっている家庭からのアドバイスだ。

32

平常心の取り戻し方

怒りは自分だけでなく、周囲にもマイナス

最近「アンガーマネージメント」という言葉が注目され、講習などでも人気を集めているそうだ。

「アンガーマネージメント」とは文字通り「怒りのコントロール」のことである。「コントロール」と言っても怒りを自在に操り、的確に相手の急所にぶつける方法ではなく、主に「怒りを無理なく抑える」ことに主眼を置いている。

しかし、人間の感情というのは怒りだけではない。喜びや哀しみ、微妙、曖昧、虚

脱、解脱《げだつ》など色々ある。

その中でなぜ怒りのコントロールにだけ注目が集まるかというと、「怒り」ほどビジネスのみならず、我々の人生にとってマイナスになる感情はないからだろう。

確かに喜びの余り、会社でウレションをしてしまったら、社会的生命に関わるが、会社でそこまで嬉しいことなど滅多にない。

それに対し「怒り」は頻繁に起こる。人に対してだけではなく、出社時、入口の自動ドアに無視されたところから始まっている。また、怒りという感情は連鎖的に増幅しやすい。坊主の顔が気に入らなければ袈裟《けさ》の柄も許せなくなってくるのだ。

さらに、怒りによって起こす行動というのは、発作的かつ暴力的、そして非合理的なことが多い。

たまに、前の車に次々と追突していった車のドライバーをしょっぴいて話を聞くと、「前の車が邪魔だった」というシンプルな動機が明かされたりする。つまり、車の進みが遅くてムカつき、早く目的地に着くための行動だったのだろうが、その結果、永遠に目的地につけないばかりか「拘置所」という別のゴールについてしまっている。

このように「怒り」というのは強いパワーだが、それを原動力にして動いていい結果になるのは、フリーザと戦っている時ぐらいなのである。

また**「怒り」というのは自分だけではなく周りに与える影響も大きい。**後ろから追突された方が迷惑なのはもちろん、上司が怒ってばかりだと、部下は成果を上げることではなく、上司を怒らせないことだけに注力するようになる。さらに、最悪怒られるのが嫌で、報告をしなくなったり、ミスを隠すようになる。

これは会社だけではなく、家族間でも起こることであり、一人、怒りをコントロールできない人間がいると、組織全体のパフォーマンスが下がってしまう。

それは、怒ったら解決する問題なのか？

しかし、人間である以上、脳に電極でも刺さない限りは「怒り」という感情を起こらなくすることはできない。よって怒りのコントロールが重要ということだ。

コントロールの方法だが、怒りが湧いた時は前の車に追突する前に「6秒」待つことが大事だという。怒りのピークは起こって6秒であるため、そこを乗り越えれば少し冷静になるらしい。

また「怒ってどうにかなることなのか」を考えるのも大事だという。怒って山積みになった書類が片づくならいいが、怒りで起こす行動など書類に火を点《つ》けてもっと大きな問題にすることぐらいだ。

つまり、怒って事態が好転す

ることなどほぼないので、怒りを抑えて冷静に対処することこそが、腹立たしい状況と怒りをなくすことにつながるということである。

しかし、世の中にあるアンガーマネージメント論も、一般論。そして方法の一つでしかないので、それが自分に合っているとは限らない。

合わない薬が余計体調を悪化させるように、向いてない怒りのコントロールは余計、怒りを増幅させる。

怒りを抑えるのではなく「まず死ぬほど怒って、3分以内に怒りを完全燃焼させる」という方法が向いている人間もいるのだ。何事も、自分がどういう人間なのか理解しないまま「方法」だけ集めても無意味なのである。

まとめ

「死ぬほど怒って完全燃焼」という方法もある

33 祝・円満退職する方法

退職の目的は「退職」。円満ではない

最初に答えを言うなら「円満退職しようとするな」である。

もちろん「社長室で手首を切って救急車と共に会社を退場しろ」と言っているわけではない。ここで考えるなと言っているのは、「会社にとっての円満退職」である。

むしろ会社にとって円満にしようとすると、自分はどんどん円満でなくなり、最悪「辞められない」という事態になりかねない。

最悪、「このままでは死んでしまう」と思ったら次の日にバックれるのが自分にとっての円満退職である。

もちろん会社にとっては全く円満ではないのだが、会社が円満になるようにしようと思ったら、辞表を出すストレス、引き留めという名の脅迫に遭うかもしれないストレス、退職日まで「懲役1カ月の実刑」を食らうストレスなど、越えなければならない山が多すぎて道中で命を落としてしまうかもしれない。

何よりその険しい山道を想像して「とても越えられる気がしない」と、退職自体を断念してしまっている人も結構多いのだ。

このように「円満退職する気力がない」という理由で、会社が辞められず、そのまますり減り続ける場合もあるため、退職の目的はあくまで「退職」であり「円満」はマストではないと肝に銘じることが、自分にとっての円満退職の第一歩だ。

しかし、マジメな人ほど会社にとっての円満にこだわり、会社に言わせれば「無責任な奴」が早々にヤバい会社を退職して、次の人生を開始している中、タイタニックの船長のように「私が逃げるわけにはいかぬ」と会社と心中してしまうのだ。

おそらく「自分が辞めてしまったらみんな困る」と思って辞められないのだろうが、

それはむしろ自意識過剰である。

リアル大黒柱として会社を物理的に支えていたなら別だが、一人社員が抜けて会社がつぶれることはほとんどない。確かに、一時期は大変かもしれないが、すぐに平常運転に戻る。

それに、タイタニックの船長が残ったのは船の責任者だからである。会社の責任者でもないのに責任を負おうとするのは既に慈善事業であり、仕事ですらなくなってしまっている。

円満でもバックれでも、後の人生に影響はない

そもそも、退職する時点で大なり小なり会社や残る人間には負担をかけているのだ。そんな退職をすると言っておいて円満にしたいというのは、殴った後でハンカチを差し出す程度のことでしかなく、たとえ殴ったあとに唾を吐こうがキスをしようが、殴ったことには変わりはない。

また、残った人に悪く言われたくないから円満に退職したいと思っているかもしれないが、正直それは不可能である。

結婚や出産という非の打ちどころのない円満理由で退職したものでさえ、陰で「この忙しい時にヤってるなよ」という陰口を何度も聞いたことがある。

しかし何せ退職しているため、その陰口が自分の耳に届くことはない。届くとしたら、辞めた会社にわざわざ聞きにいくマゾヒズム行為をした時だけだ。

そしてたとえバックれ同然で

辞めて、残った者の恨みを買っていたとしても、後の人生で恨みを晴らされたということはないし、正直辞めた会社の人間と再会することすら稀である。

つまり「円満退職」だろうが、バックれだろうが、後の人生にはあまり影響がないのだ。だったら、出来るだけ低コストかつスピーディに辞めた方がいい。

そもそも「円満退職」自体、「円満離婚」と同じく、ちょっと無理がある言葉であり「存在しない」と言っても過言ではない。

存在しないものを追いかけていたら、いつまでたっても辞められないに決まっているし、途中で疲れている。

辞表を出して嫌な顔をされ、1カ月微妙な空気の中で引継ぎをして辞めるという、どこにでもある退職をするしかないのだ。

まとめ

自分にとっての「円満退職」を考えよう

おわりに——給料以上は悩まない

毎回のテーマは編集部が決めているのだが、自分が体験したことがある悩みもあったが「島耕作でしか見たことないぞ」という、自分には全く縁のない話も多かった。

大体、私が会社員だったのもかなり昔の話になりつつある。

その結果、昔話と未経験のことに想像で答えるという、幻覚の中で幻覚を見ているような恍惚《こうこつ》度の高い一冊になってしまった。

私は会社員時代「終身名誉平社員」だったため、会社内で体験できる地獄の種類も深さもたかが知れていたのだ。

登らなければ転落も出来ないように、地獄に落ちるにも本人のレベルにあった地獄にしか落ちられないのである。

この何年いても地位が不動、むしろ新人にまで敬語で接して一歩下がることまであることに関しては、私の右に出る者はいないと思っていたのだが、同級生に同じところで5年バイトをしているが未だに「研修中」の札が取れていない奴がいると聞いて、改めて世界の底の深さを思い知った。

横領で逮捕されたくても、まず「横領できる立場」にまでいかなければ不可能なのである。

つまり、仕事上の悩みが多いということはそれだけ社内で重要な地位にあるということだ。

もし、バイトだし研修中の札が取れない、むしろ若葉マークが増えたのに、派閥争いに巻き込まれ、上司の代わりに出頭することになったという場合は「割にあってない」のだ。

「給料以上は働かない」のが大事なように「給料以上は悩まない」というのも重要である。

とりあえず、**家に帰っても会社のことで悩むというような「サービスストレス」は意識的にやめるようにしよう。**

だが最近は、給料は変わらないのに責任が重くなり悩みばかりが増えるというエア出世が増えているようで、出世したがらない若者が増えているようだ。

同時に「仕事は最低限にとどめ、好きなことをして、ゆとりのある生活をしよう」という提唱もよく聞くようになった。

しかし、識者に言わせるとこれを真に受けると、高齢フリーターか、親の年金支給日を「給料日」と呼ぶ無職中年になる恐れがあるという。

「好きなことをして、ゆとりのある生活」とは「そこらへんの雑草を食う生活」という意味ではないはずだ。もちろんそこら辺の雑草を食うのが好きな人もいると思うが少数派なはずである。

つまりその生活ができるのは、最低限の仕事でゆとりある生活を出来るだけの資金を作れる才能がある人であり、こういう人は会社にいても普通にできる人間だと思われる。

会社でデキない奴がそういう暮らしをやろうとすると、「最低限の仕事でゆとりのある生活」ではなく「最低限の生活」というかなりコンパクトに略された、ある意味ミニマリスト生活をすることになってしまう。

会社で悩み過ぎるのも馬鹿らしいが「全く悩みのない世界」を目指して飛び出すと、もっと悩む結果になりがちなので、多少の悩みならやりすごして会社に留まろうとすることも大事である。

だがいざとなったら、雑草を食うことになっても、会社を飛び出す勇気というのも必要である。

仕事は基本的に生きる手段である。だがいつの間にか仕事による負担で命を脅かされるという本末転倒も珍しくない世の中になってしまった。

仕事に人生をかけるのはいいが、「生きる手段に殺される」よりも「雑草食って生きる」の方が理に適っているということだけは忘れないで欲しい。

２０２１年10月
カレー沢　薫

本書は、月刊『ＴＨＥ21』二〇二〇年一月号〜二一年一一月号の連載「カレー沢薫の明るい悩み相談室」に書き下ろしを加え、改題し、加筆・修正したものです。

カレー沢薫 Kaoru Curry Zawa

漫画家／コラムニスト

1982年生まれ。2009年に『クレムリン』(講談社)で漫画家デビュー。18年までOLとしても働き、20本近くの連載を抱える大人気兼業作家として活動していたが、現在は漫画家・コラムニストに専念。第24回文化庁メディア芸術祭において、『ひとりでしにたい』(モーニングKC)が「マンガ部門」優秀賞を受賞。受賞の際、「卓越した言語感覚でコラムなどの書き手としても活躍する、今最も注目すべき作家の一人」と評される。著書に、『モテるかもしれない。』(新潮社)、『人生で大事なことは、みんなガチャから学んだ』(幻冬舎文庫)、『カレー沢薫のワクワク人生相談』(太田出版)、『負ける技術』(講談社文庫)など多数。

ブックデザイン――WELL PLANNING(松岡昌代)

反応したら負け
仕事のストレスを受け流す33のヒント

2021年11月30日　第1版第1刷発行

著　　者　カレー沢　薫
発 行 者　永　田　貴　之
発 行 所　株式会社PHP研究所
東京本部 〒135－8137 江東区豊洲5－6－52
第二制作部　☎03－3520－9619(編集)
普　及　部　☎03－3520－9630(販売)
京都本部 〒601－8411 京都市南区西九条北ノ内町11
PHP INTERFACE https://www.php.co.jp/
組　　版　株式会社ウエル・プランニング
印 刷 所　株式会社精興社
製 本 所　東京美術紙工協業組合

ISBN978-4-569-85067-2